霍去病

嗨！有趣的故事

Hi! Story

胡輝

【出版說明】

在文字出現以前，知識的傳遞方式主要就是語言，靠口耳相傳的方式記錄歷史與情感表達。人類的生活經歷、生命情感也依靠著「說故事」來「記錄」。是即人們口中常說的「傳說時代」。然而文字的出現讓「故事」不僅能夠分享，還能記錄，還能更好、更廣泛地保留、積累和傳承。

《史記》「紀傳體」這個體裁的出現，讓「信史」有了依託，讓「故事」有了新的準則：文詞精鍊，詞彙豐富，語言精切淺白；豐富的思想內容，不虛美、不隱惡。選擇人物一生中最有典型意義的事件，來突出人物的性格特徵，以對事件的細節描寫烘托人物的情感表現，用符合人物身份的語言，表現人物的神情態度、愛好取捨。生動、雋永而又情味盎然。

「故事」中的人物和事件，從來就是人類的「熱門話題」。她是茶餘飯後的趣味談資，是小說家的鮮活素材，是政治學、人類學、社會學等取之無盡、用之不竭的研究依據和事實佐證。

中國歷史上下五千年，人物眾多，事件繁複，神話傳說與歷史事實並存，正史與野史交錯互映，頭緒繁多，內容龐雜，可謂浩如煙海、精彩紛呈，展現了中華文化的源遠流長與博大精深。讓「故事」的題材取之不盡，用之不竭。而其深厚的文化底蘊如何呈現，怎樣傳承，使之重光，無疑成為《嗨！有趣的故事》出版的緣起與意趣。

《嗨！有趣的故事》秉持典籍史料所承載的歷史精神，力圖反映歷史的精彩與真實。深入淺出的文字使「故事」更為生動，更為循循善誘、發人深思。

《嗨！有趣的故事》以蘊含了或高亢激昂或哀婉悲痛的歷史現場，以對古往今來無數先賢英烈的思想、事蹟和他們事業成就的鮮活呈現，於協助讀者不斷豐富歷史視域和深度思考的同時，不斷獲得人生啟迪和現實思考，並從中汲取力量，豐富精神世界，在實現自我人生價值和彰顯時代精神的大道上，毅勇精進，不斷提升。

#【導讀】

霍去病是河東平陽（今山西臨汾）人，其父是河東縣小吏霍仲孺，據傳與平陽府女奴衛少兒私通而有孕，霍去病遂有「私生子」之說。衛少兒是漢武帝皇后衛子夫的妹妹，霍去病為大將軍衛青的外甥，這層複雜的裙帶關係顯然幫助了霍去病的仕途，但他的功業卻是自己在馬背上建立的。

生活在北方草原的匈奴一直是秦漢帝國的心腹大患，長城也未能阻止匈奴騎兵屢屢南犯。雄才大略的漢武帝一改築城為守的被動態勢，開始舉兵北攻。元朔六年（前一二三年），年僅十八歲的霍去病隨軍出征匈奴，自帶八百驍騎深入漠北數百里奔襲敵後，大勝而歸。之前對匈奴的恐懼一直瀰漫漢宮朝野，此舉振奮人心，霍去病被漢武帝破例封為「冠軍侯」。霍去病自此展露鋒芒，對匈奴用兵屢戰屢勝，創造了六天橫掃匈奴五部的驚人戰績。尤其是漠北決戰，殲滅匈奴七萬多精銳，以「封狼居胥」之舉，為漢朝北疆的和平與穩定立下不朽功績。

霍去病用兵極為大膽，他創立了以少量精兵在快速奔襲的戰術，屢挫強敵，為後世兵家奉為經典。他在戰場上身先士卒，冒刃摧鋒，贏得了士兵們愛戴。更可貴的是漢武帝為其修築府邸以示嘉獎，霍去病卻表示「匈奴未滅，無以家為」，顯示出一代名將闊大的情懷。

元狩六年（前一一七年），霍去病染疾去世，這位歷史上不世出的戰爭天才，年僅二十三歲。

霍去病像天際一顆倏忽而過的流星，短暫卻耀眼。

目錄

上林行獵

一

西漢武帝元朔六年（前一二三年）初春的一日。長安郊外，方圓三百餘里的皇家園林上林苑內，山巒起伏，林木參差。遠處的草地百花齊放，令人賞心悅目，盎然春意撲面而來。

苑內，一隊人馬正馳騁奔騰。當中最顯眼的那位乃時年三十三歲的當朝皇帝劉徹，緊隨其後的青驄馬上，端坐著一白衣少年，他就是武帝寵愛的侍臣霍去病，正值十七歲的錦繡年華。二人身後跟隨著幾十個宮廷侍從。他們擎蓋舞旗，奮力揮鞭，朝獵場奔去。

漢武帝一邊鞭馬，一邊不時回頭看霍去病。只見他雙眉緊鎖，似是心事重重。武帝嘴角露出一絲不經意的笑意，然後高聲催馬，胯下的白龍駒飛馳而去。

霍去病看見皇帝加速，也不由趕緊揮鞭策馬趕上去。

當朝皇帝行獵，苑內守衛暫且退避，不能讓飛禽野獸被不慎驚走，壞了皇上興致。

一行人揚鞭策馬，不多時到了獵場深處。

眼前是一片起伏的山丘，山丘背後，便是終南山西麓。遠遠看去，群峰都被春日塗抹上一層恍若酡紅的煙嵐。

武帝勒住馬，轉頭對跟上來的霍去病說道：「去病，今日陪朕狩獵，怎麼像是提不起精神？」

霍去病立刻拱手回道：「臣不敢。」

武帝凝視著霍去病，說道：「朕知你心意。長平侯出征之日，朕已說得清清楚楚，待你年滿十八歲，朕自會允你隨軍殺敵。」

霍去病皺眉歎息，抬頭看向遠方山丘，說道：「臣恨不得早生一年，此刻便已隨舅舅的大軍北上了。」

武帝微微一笑，說道：「匈奴士兵有三十萬之多，覬覦朕的江山也非一朝一夕，你還怕沒有機會北擊匈奴嗎？」

霍去病再次拱手說道：「臣明白。」

武帝遠望山巒，不覺間眉頭微皺，說道：「長平侯率軍北征，已然三日，你可知朕為何要來狩獵？」

霍去病微微一愣，回答說：「臣愚鈍，請陛下明言。」

武帝抬頭看碧空如洗，又凝目如黛遠山，說道：「長平侯首次北征，乃元光六年（前一二九年），一役襲匈奴龍城，洗刷高祖白登之恥，天下震動；二次出征，乃元朔元年（前一二八年），出雁門斬敵數千；第三次出征，是元朔二年（前一二七年），收復河朔，為本朝開疆拓土，立下汗馬功勞。此次已是長平侯第四次率軍北上了，他這次的對手，是兵強馬壯的匈奴右賢王。」

霍去病聽到這裡，拱手說道：「這些臣已知曉。」

「知曉？」武帝嘴角浮起一絲微笑，說道：「你是只知其一，不知其二。」

霍去病不覺被吸引，說道：「還請陛下明示。」

武帝緩緩說道：「長平侯收復河朔之後，朕徙民十萬，設河朔郡。當日左內史公孫弘便上奏反對，說設郡之舉，與當年蒙恬築城北河無異，除了勞民傷財，起不了什麼作用。」

霍去病很詫異地問：「陛下是天子，他如何敢反對？」

武帝道：「朕雖是天子，也需有直言之臣，不然這天下如何安定？若長平侯此次獲勝，自是穩固北方；若是失敗，遷徙過去的十萬子民生靈塗炭，朝廷將失去民心。」但他旋即又說：「可朕的長平侯又豈是蒙恬之輩可比的？真乃笑話！」

霍去病眼睛忽然亮了起來，說道：「臣明白了，陛下出來狩獵，就是為了避開朝中異議。」

武帝看了霍去病一眼，沒有接他的話，而是說：「朕聞得終南山近來有虎，今日狩獵你可得小心了。」

霍去病不以為意：「臣若懼虎，如何還敢北擊匈奴？」

武帝哈哈大笑，說道：「那今日你與朕比比，看誰的獵物更多！」說罷，武帝一提韁繩，胯下白龍駒頓時撒開四蹄。

霍去病終究是年少，武帝之言，使他不覺忘記了自己的煩心事。見皇帝英姿勃發，他不由胸口發熱，豪氣陡升，揮鞭抽向馬臀，緊緊跟上。

跟隨狩獵的一眾侍從盡知皇上寵愛霍去病，此刻聽他們的對話，感到皇上對霍去病是少見的推心置腹，霍去病也無絲毫討好諂媚之態。眾人見皇上和霍去病策馬奔馳，紛紛催馬跟上。

二

皇上的白龍駒實在太快，不多一會兒，就看到終南山麓了。

霍去病也快馬加鞭，想趕上皇上。

突然間，武帝胯下的白龍駒長嘶一聲，前蹄高高抬起。武帝臨變不驚，雙手緊扣韁繩，想控制住馬匹。抬眼一看，前面居然有一隻斑斕猛虎，白龍駒驚得尖聲長嘶。武帝素來喜獵，卻從未如此近距離遭遇老虎，當下來不及多想，迅速拔出腰間寶劍，想去刺虎。不料白龍駒受驚不小，四蹄亂蹬。

老虎鋸牙鉤爪，朝武帝直撲過來。

就在此時，霍去病快馬已至。見皇上危險，他閃電般彎弓搭箭，朝老虎射去。

其他侍從不敢這麼做，畢竟皇上在前，萬一不小心射中皇上，那便是弒君之罪了。

霍去病十分冷靜，箭法精湛，流星般飛去的箭矢從老虎揚起的左爪直接穿過。

老虎劇痛，狂吼數聲。武帝已趁這間不容髮的緊急關頭，趕緊往回奔去。

霍去病又搭上第二箭，再次引弓射去。

這一箭，將老虎的右耳射穿。

老虎聲吼如雷，縱身向霍去病撲來。

霍去病此時已跳下馬鞍，長劍出鞘，大步朝老虎迎去。

隨即趕來的侍從趕緊組成人牆將武帝圍住。

武帝臨陣不亂，他喝道：「快去助戰霍去病！」

霍去病已奔到虎前，頭也不回，大喊一聲：「誰也不要上來！看我斃掉這隻大蟲！」

武帝心中一動，吩咐道：「大家備好弓箭，看霍去病斃虎！」

那些侍從便紛紛張弓搭箭，但只是瞄準，暫不射出。

那老虎似乎也感覺到霍去病身上的殺氣，前爪按地，低聲沉吼。

霍去病雙腳站穩，手中劍指向老虎，全神貫注地凝視。

老虎身上兩處受傷，疼痛難忍。牠狂吼一聲，身子縱起，朝霍去病撲去。

旁觀眾人不禁驚呼，心都吊到了嗓子眼。

霍去病見老虎撲來，他迅速朝老虎騰躍的身體下滾去，手中劍朝上一刺，劍尖從虎喉筆直穿過虎額。老虎撲通一聲，將霍去病壓在身下。

侍從中有人叫聲「不好」，搶步上前。

還未走到近旁，霍去病已昂然站直身形，拔下的劍刃上鮮血淋漓。他威風凜凜，大踏步朝眾人走來。

大家一陣狂呼。武帝在旁，微微點頭，臉上浮起一絲微笑。

霍去病走到武帝身前，單膝一跪，說道：「讓陛下受驚是臣下之過。」

武帝哈哈大笑，說道：「去病果然身手不凡！快快平身。」

霍去病仍是單膝跪地，把劍放到地上，雙手抱拳，懇求道：「陛下！臣都能獨斃猛虎，還不能北征匈奴嗎？」

武帝臉上的笑容驀然一收，說道：「霍去病，你可知匈奴人能獨自斃猛虎的有多少？你未到出征年齡，朕絕不會允你北上！」

三

被老虎驚嚇之後，武帝意興闌珊，下令即刻返回皇宮。

侍從們見霍去病獨自斃猛虎，俱是心下佩服，但見皇上臉色不悅，也不敢多提。霍去病沉默不語，走在最後。他不能理解，皇上為何就是不允許自己隨舅舅衛青出征。

不錯，自己是年齡小點，但十七歲也已經不是小孩子了。多年來的刻苦磨礪，不就是為了能躍馬疆場嗎？

是的，皇上答應過他，等明年他十八歲時，便可隨軍北上。這也是舅舅幾年前答應過的。他知道，不論天子還是舅舅，都不會忘記承諾的事，但他剛才已經證明了自己的勇武，皇上怎麼還是堅持不允？

非得再等一年嗎？

一年太漫長了。

他望著廣闊無邊的上林苑，忍不住想起舅舅。數年間，舅舅已完成了大漢立朝以來對抗匈奴的最輝煌戰績。他永遠不會忘記，他親耳聽到舅舅說：「開疆拓土，沙場殺敵，乃至戰死沙場，不才是我大漢的錚錚男兒嗎！」

霍去病忘不了自己聽到這些話時心中的激動。

這樣的時刻，可以讓他忘記自己內心深深的孤獨。

自從他知道自己的身世，就一直被孤獨包圍著。他不知道該對誰傾訴。

霍去病在馬隊後面跟著，往事一幕幕湧上心頭。

馬邑之圍

一

霍去病對於自己小時候最早的記憶，是在一所很氣派的房子裡。

母親是衛少兒，父親叫陳掌。

父母對他都極為寵愛，但父親很少在家，母親也經常出府。平時陪伴他的都是家裡的僕人。

等到七八歲的時候，他開始明白了一些事情。

他很少看見父親，因為父親是朝廷官員，職位是「詹事」。因為這個職位，父親不得不在宮中忙碌；也因為這個職位，父親不得不經常在外接受同僚宴請。

母親經常前往宮中，去陪伴姨母。霍去病偶爾也陪母親入宮。姨母真漂亮啊，有很多人伺候她。姨母住的房子大得嚇人。姨母無論走到哪裡，都會有宮人向她彎腰行禮。

姨母對自己特別好，有時還教他彈琴。

他慢慢知道，姨母是皇帝的妻子。他很好奇皇帝是什麼樣子。不過，他進宮看姨母的次數不多，所以，始終沒見過皇帝。

他從不知道，在這個國家的邊疆發生著什麼，也不知道在北方始終有個巨大的陰影，籠罩在每個人的上空。

二

霍去病記得清清楚楚，那是元光二年（前一三三年）六月的一天。

當日父親回家甚早，難得一家人圍在一起吃飯。霍去病非常高興。

剛剛八歲的孩子，身高像是有十多歲了。府裡很少有人還將他當孩子看待。霍去病天生神力，小小年紀，府內的每張硬弓他都可以拉開。

衛少兒發現丈夫神情與平日不太一樣，便問今日朝廷是否出了什麼事。

陳掌喝口酒，歎道：「今日王恢大人入獄了！」

衛少兒不由一愣。

王恢是當朝大行令，掌管邦交和邊陲部族事務。如此官高權重之人，究竟犯了何事？她知丈夫與王恢交情深厚，心裡頓感緊張。

陳掌說：「夫人有所不知，王恢素來反對朝廷與匈奴和親。的確也是，即便和親，匈奴難道就不犯境生事了？就為這個，王恢屢次與御史大夫韓安國當廷爭辯。」

衛少兒對朝廷之事興趣不大，只是擔心丈夫被牽扯進去，她說：「自高祖皇帝以來，咱們不是一直就與匈奴和親嗎？我聽妹妹說過，連高祖皇帝也吃過匈奴人的虧，和親是幾位先帝所用之法，王恢難道以為咱們現在有辦法打敗匈奴嗎？」

陳掌答道：「王恢不知在哪裡認識一個叫聶壹的人，說他可以去引誘匈奴人前來馬邑（今山西朔州），等匈奴人進入埋伏，就可將他們一舉殲滅了。」

衛少兒還沒回答，霍去病拍手說：「好啊！這主意不錯！孩兒也早聽說匈奴人總是侵犯咱們大漢邊境，就應該把他們消滅才是！」

陳掌和衛少兒對視一眼，很是吃驚。

「後來呢？」霍去病著急知道結果。

陳掌歎口氣，說道：「後來啊，陛下覺得此法可行，果然命王恢為將屯將軍，韓安國為護軍將軍，李廣為驍騎將軍，公孫賀為輕車將軍，李息為材官將軍，率軍三十萬埋伏在馬邑山谷當中，要一舉殲滅匈奴主力。」

「三十萬！」霍去病驚歎一聲說，「那將是何等的氣勢啊？」

衛少兒也感覺內心怦怦直跳，說道：「難不成他們反被匈奴打敗了？」

陳掌將手中端了半天的酒一口喝乾，說道：「本來匈奴人已然中計。那聶壹斬了一個死囚，對匈奴謊稱自己殺的是馬邑令丞，要將城池獻給匈奴。匈奴軍臣單于親自帶領十萬兵馬前來。不料，就在他們距馬邑尚有百里之時，軍臣單于見沿途牲畜不少，卻無人放牧，於是起了疑心。他先進攻雁門的邊防小亭。雁門尉史正在此巡邏，被俘投降，供出了我方計畫，軍臣單于立刻引兵撤還，沒有中計。」

霍去病突然站起身說道：「爹爹，匈奴撤軍了，王恢不是還有三十萬大軍嗎？如果立刻下令追擊的話，仍然可以打敗匈奴人呀！」

聽聞此言，陳掌十分驚詫，說道：「去病，你小小年紀，怎麼會有如此想法？」

霍去病嘴角一撇，說道：「匈奴人撤軍，本來就是害怕。如果這時候發起進攻，肯定可以打敗他們。」

衛少兒看看兒子，然後繼續問陳掌：「那王恢後來追擊沒有？」

陳掌搖搖頭說：「四位將軍都沒有追擊，三十萬大軍長途設伏，一無所獲地回來。陛下大怒，認為既然是去打仗，怎麼可以臨陣怯戰。今日，當廷將王恢下獄。看情形，這次可是凶多吉少啊。」

霍去病說：「要是陛下哪天派我帶兵了，我一定命令追擊。不把匈奴人打敗，我是絕不會回來的。」

陳掌看看霍去病，又看看衛少兒，說道：「夫人，去病雖然年少，卻鬥志驚人，說不定長大以後，真有帶兵出戰的一日。」

衛少兒看著兒子，也頗感驚異。

馬邑之圍功虧一簣，結束了漢匈之間已達五世的表面和平。軍臣單于為報復漢朝的這次埋伏，調兵遣將，從以前的騷擾搶掠升級成了對大漢吏民的直接屠戮。漢匈之間大規模戰爭的序幕就此拉開。

衛青崛起

一

那天以後，霍去病總會向父親追問漢匈之間是否又發生了什麼戰事。

陳掌不明白一個未足十歲的孩子為何對戰事有如此濃烈的興趣。陳掌雖是曲逆侯陳平之後，卻對祖輩們激盪的風雲往事不感興趣，戰爭之事他向來避而遠之。

沒想到，自己的繼子霍去病居然對戰事這麼上心，而且眼光甚是獨到。

而對霍去病來說，父親並不能在兵學方面給予自己有益的指導，他自己便一頭扎進書堆中。

霍去病喜讀《左傳》，那些古代名士、名將身上的智慧與大義，總能讓他熱血沸騰、豪氣難平。他開始渴望著展翅高飛，做出一番事業。

二

元光六年（前一二九年）五月的一天，此時距馬邑之圍已經過去四年，霍去病十一歲了。

一天，陳掌回府後，三步併作兩步，直入內室。正坐在內室的衛少兒見丈夫神態異常，不禁站起身來。

她還來不及說話，陳掌已衝到面前，一把將衛少兒手臂拉住，兩眼放光地說道：「夫人，大喜！大喜啊！」

衛少兒看丈夫這麼興奮，問道：「什麼事這麼高興？難道是你陞官了？」

陳掌興奮地說：「車騎將軍得勝還朝了！」

「啊？」衛少兒驚呼一聲，說道：「弟弟這麼快就得勝還朝了？」她激動起來：「快給我說說！」

「簡直不可思議！」陳掌說道：「車騎將軍這一次出征，竟然攻破了匈奴的祭天聖地龍城！」

衛少兒驚呼道：「弟弟如此勇猛，竟然打到匈奴人的龍城去了？」

陳掌尚未回答，霍去病已從外面衝了進來，大喊道：「聽說舅舅打勝仗了？」

陳掌高興地把兒子拉過來，說道：「去病，你舅舅打了大勝仗！這可不是書上的那些故事，是實實在在的事情啊！」

霍去病激動得臉都紅了。

衛青雖是舅舅，霍去病卻從未見過。父母經常在府中談論衛青，霍去病不知不覺知道了不少舅舅的消息。他知道，舅舅小時候是牧童，然後做了平陽公主的騎奴，後來又到了建章宮當侍衛，再後來又成為建章監。

霍去病腦海裡無數次設想過舅舅在軍營披甲持戈的樣子，會是伍子胥的樣子嗎？會是孫武的樣子嗎？

此時霍去病太激動了，他問：「母親，我什麼時候能見到舅舅啊？」

衛少兒微笑道：「去病，其實你出生不久就見過舅舅。你兩歲生日時，舅舅還給你削過一把木劍當禮物呢。」

「我小時候就見過舅舅了？」霍去病更加驚喜：「那，舅舅給我削的木劍呢？」

衛少兒話一出口，就頓感後悔。那時她還和霍去病生父霍仲孺在一起，事情已經過去差不多十年了，她還記得清楚，霍仲孺與她分別時，因無法帶走兒子，便帶走了那把木劍。衛少兒對過去之事不想再提，便敷衍兒子道：「那是你兩歲時的玩具，現在哪裡還找得到？」然後扭頭問陳掌：「陛下如何賞賜我弟弟的？」

陳掌說：「陛下不僅出城親迎，賞賜御酒，還當廷賜封車騎將軍為關內侯！」

衛少兒驚喜萬分，剛剛坐下，又不覺站起，說道：「我弟弟封侯了？這簡直，簡直……」她簡直不知如何表達心中的激動。

陳掌提議道：「我們不如去看看關內侯……」

三

在霍去病的心中，舅舅衛青簡直如天神一般威武。攻破匈奴龍城，那是多麼大的戰功啊！父親說得不錯，這不是書上的故事，是實實在在的事情。

霍去病再也按捺不住，轉身一溜煙去了後院。

後院不大，中間有個高台，高台旁邊是一個兵器架，上面插著各種兵器，架子旁靠著一張硬弓，弓旁數支長鉤，鉤上箭壺內裝有整整四十枝羽箭。

霍去病胸口起伏，被舅舅的功績激動得難以自抑。是啊，那些古代的戰事離自己多麼遙遠！什麼白起，什麼王翦，什麼廉頗，什麼李牧，他們如何能與此刻活生生的舅舅相比？他只感胸口熱血不斷上湧，簡直要衝破胸腔。

霍去病張開硬弓，從箭壺中抽出羽箭，看著百步外的箭靶，嗖嗖射去。

這些箭都沒有打中靶心。

霍去病心中難過，將弓箭直接摔在地上，他走上高台，看著遠處箭靶，喃喃說道：

「我武藝這麼差，如何才能追得上舅舅？」

他心情沮喪，恨不得馬上長大，隨舅舅馳騁沙場。

身世之謎

一

終於看見舅舅了。

這是霍去病終生難忘的時刻。

陳掌與衛少兒帶他前往關內侯府。衛青在府外相迎。

陳掌心中惶恐，如今衛青乃武帝寵臣，高居侯位，怎能讓他親自出迎？

衛青卻是經過了生死之戰，感慨良多。自己親人不多，看到姊姊一家，感到很親近。

霍去病看著舅舅站在府前，長袍寬帶，器宇軒昂，沉靜中透出儒雅，一股崇拜之情不禁油然而起。

是的，面前之人是舅舅，更是他心目中的英雄！

衛青看見霍去病，走上兩步，微笑道：「去病都長這麼高了！」

霍去病極為激動，脆聲道：「舅舅，你真的認識我？」

衛青笑道：「你小時候我就抱過你，怎麼會不認識？」又對陳掌和衛少兒說：「快請進去。」

霍去病始終盯著舅舅，覺得衛青的一舉一動、一言一語都有說不出的吸引力。

衛青見霍去病身體強健，更是發自內心地喜愛。霍去病見舅舅極為和善，膽子也大起來，走到衛青身邊，說道：「舅舅攻打龍城，是不是很危險？」

衛青輕聲道：「人在戰場上，只想殺敵，不會考慮太多。」

霍去病說道：「舅舅，我也想上戰場打匈奴。」

衛青哈哈一笑說：「你還小啊，等你長大再去打匈奴。」

陳掌見衛青和霍去病頗為投緣，便將兒子喜讀兵書、喜練武藝之事逐一相告。衛青覺得霍去病大有前途。

霍去病忽然說道：「舅舅，你教我武藝吧，以後我也可以隨你上陣殺敵。」

衛少兒趕緊說道：「去病，舅舅如今是朝廷重臣，平時很忙，你想學武，母親請人來教。」

霍去病嘴一撇，說道：「母親，你請的人難道會比舅舅厲害？我就是想跟舅舅學武藝。」

陳掌也說道：「去病別胡鬧！」

衛青仔細端詳霍去病，見他臉雖稚嫩，卻有一股英氣，心中更加喜愛。他望向陳掌和衛少兒，說道：「去病年紀雖小，卻是有志之人。要不這樣，我在長安的時候，去病隨時來我府邸，我親自教他。」

陳掌和衛少兒一聽，驚喜萬分，沒想到衛青竟然願意親自指導霍去病。衛少兒趕緊說：「去病頑劣得很，會不會給弟弟添麻煩？」

衛青微微一笑，說道：「為朝廷培養棟樑之才，怎麼會是麻煩？」

霍去病已興奮得不知如何是好，學著大人的模樣對衛青抱拳說道：「徒兒拜見師傳！」

眾人大笑。

二

那天以後，霍去病常來衛青府邸。

衛青沒想到外甥對《左傳》的熟悉程度，竟連自己也自愧弗如，而且，每當外甥談起史書上那些戰役，總是按捺不住滿腔激情。

衛青難以想像一個十幾歲的少年會有如此雄心壯志。

此外，霍去病的天生神力也讓衛青驚訝。他剛開始聽說霍去病能開硬弓，還以為是陳掌府上的尋常之弓，沒想到霍去病竟然能拉開自己的硬弓，其他武器也能用得有模有樣。衛青不由暗想，再過幾年，外甥還真能成為大漢軍營中的一員猛將。

衛青愛才心切，索性派人去陳掌府上，將霍去病接至自己府邸，以便每日親加督促。

陳掌與衛少兒自是大喜過望，霍去病也極為振奮，遂到舅舅府中住下。有衛青親自傳授，霍去病的進步自然一日千里。

三

衛青有一位肝膽相照的知己，叫公孫敖。衛青尚在建章宮當侍衛時，就是時為騎郎的公孫敖聽到大長公主（皇后的生母，景帝的同胞姊姊，武帝的姑母）想取衛青性命的消息後，趕緊帶人過去，救下了衛青。

數月前，匈奴兵犯上谷（今河北懷來），衛青被加封為車騎將軍，公孫敖為騎將軍，二人和公孫賀、李廣兩位將軍同時受命，兵分四路迎擊匈奴。出兵之後，僅衛青一路直搗龍城，取得大漢主動進攻匈奴的首次勝利。公孫敖兵敗，被判秋後問斬，幸虧衛青拿出萬金，為其贖命。公孫敖被貶為庶人，衛青把他安置在侯府暫居。

此時距衛青直搗龍城僅過數月，匈奴再次犯境，偏偏衛青病倒。軍中名將李廣也因數月前那次戰敗被貶為庶人。武帝無奈之下命衛尉韓安國為材官將軍，出戍漁陽。衛青擔心韓安國難以取勝，雖重病在身，還是搬至軍營居住，一邊養病，一邊準備隨時領命出征。

臨行前，衛青將霍去病託付給公孫敖。

公孫敖一身武藝，得衛青重託，自是對霍去病傾囊相授。

有一天，衛青問公孫敖：「公孫叔叔，你什麼時候認識我舅舅的？」

「哈哈，很多年了，第一次遇見你舅舅時，我們就像你現在這麼大。」

「那你們是怎麼認識的？」

「這個就說來話長了。那還是十多年前，你還沒出生呢。我在甘泉宮第一次見到你舅舅，那時他還是個牧童。我呢，是陛下做太子時的侍從。」

「舅舅為什麼會去甘泉宮呢？」

「他陪一個鄰居去。那天甘泉宮裡有很多囚犯，有個囚犯過來給你舅舅看相，說他會日後封侯。你看，果然應驗了。」

「我聽我母親說過，舅舅小時候是牧童。」

「是啊，是牧童，後來他到了平陽侯府。你還記得平陽侯府嗎？我聽你舅舅說過，你兩歲前都是和你父母住在平陽侯府的。」

「我父母？公孫叔叔，你說的是我……親生父親嗎？」

「你不知道？」

「我真的不知道。公孫叔叔，我親生父親是誰？」

「這個，這個……我也不知道，你母親沒告訴你？」

「沒有，我一直就奇怪，我現在的父親和我不是一個姓，我就猜到，他不是我的親生父親。公孫叔叔，你真的不認識我的親生父親？」

「我真的不認識，你舅舅認識，等你舅舅回來，你自己去問他吧。」

「我……親生父親在哪裡呢？」

「這個我真的不知道，今天……我們都早點睡吧，夜裡有點冷了。」

「公孫叔叔怕冷嗎？」

「冷？哈哈，我死都不怕，怎麼會怕冷？」

「那就別去休息，你再多給我說說。」

「你親生父親的事，我一點也不知道，只是聽你舅舅說過。他和你父親是認識的。」

「那我知道了，我……」

「去病，現在的父親對你不是很好嗎，你別難過了。」

「我沒有難過，沒有……」

霍去病轉身慢步走向自己臥房。公孫敖頗為懊悔，不明白怎麼會忽然說到霍去病親生父親這件事。

四

第二天，公孫敖早早來到後院練武場。令他意外的是，霍去病早已在院內縱馬奔馳。只見他馬上開弓，射向箭靶，精神狀態極好。

霍去病看見公孫敖，勒住韁繩，翻身下馬，說道：「公孫叔叔，這麼早就起來了？」公孫敖笑道：「你起得更早啊。」他見霍去病臉上全無昨晚的心神不寧，眉宇間是一種脫胎換骨後的堅毅。公孫敖知道，霍去病不會再追問生父之事。

男人該如何面對世界？最重要的不是追究過去，而是如何直面未來。

此刻的霍去病，眼中散發的便是堅毅果決的光芒。這是要捕獵未來人生的目光，是長大成人的目光，是一個真正男人的目光。

幼鷹展翅

一

霍去病到舅舅府上的第二年，即元朔元年（前一二八年），衛青第二次奉旨率部迎擊匈奴，兵出雁門。這一次，衛青再次展現了無與倫比的軍事天賦，與匈奴甫一交手，便斬下千餘首級，大勝回朝。

朝堂上下，對衛青盡皆稱頌。

公孫敖也將消息告知霍去病。

霍去病聽完了公孫敖的講述，並未十分激動，而只是問了一句：「我舅舅此次率軍多少？」

「三萬精銳騎兵。」公孫敖回答。

「三萬騎兵，只殺敵一千，我覺得舅舅還可以多殺十倍匈奴！」

公孫敖聞言，不禁震驚，說道：「去病，你不知道匈奴的騎兵有多厲害。你舅舅能將匈奴擊敗，已經是前無古人的戰績了。你知道當年秦始皇手下的大將蒙恬嗎？」

霍去病答道：「我自然知道，他奉命率三十萬大軍北擊匈奴，最後只能在黃河以南設縣，不算有本事之人。」

公孫敖聞言，眼睛都瞪圓了，說道：「蒙恬當年威震邊關，匈奴也不敢南侵啊。」

霍去病嘴角一撇，頭向上仰，說道：「如果我是蒙恬，手下有三十萬大軍的話，我會將匈奴殺得片甲不留！」

公孫敖與霍去病相處得久了，倒是聽慣了他的驚人之語，此刻不驚反笑，說道：「等你和匈奴人真正交鋒的那一天，你才會知道對方有多強悍。」

霍去病聽出公孫敖不相信自己，鄭重說道：「當年勾踐裹甲征吳，西楚霸王破釜沉舟，那時他們手下有多少兵士？對方又是多少兵士？」

公孫敖訝然說道：「去病，那可是歷史上以少勝多的罕見戰役啊。」

「我知道罕見，」霍去病說道：「可畢竟有人做到了。以後我也一樣能做到，甚至超越他們。」

公孫敖凝視霍去病片刻，忽然笑起來說：「去病，你有大志，公孫叔叔真是喜歡，怪不得你舅舅也那麼喜歡你。」

霍去病笑了起來，說道：「公孫叔叔，其實你說的我都知道，除了舅舅，也沒有人值得我崇拜。」他剛說完這句話，忽覺不妥，臉上漲紅了，又補充一句：「我也喜歡公孫叔叔。」

喜歡畢竟不是崇拜。公孫敖哈哈大笑，說道：「去病，公孫叔叔只打過敗仗，還能被你喜歡，對我來說已經很滿足了。」

霍去病不好意思地笑笑，說道：「今天我們繼續比箭，昨天輸了三箭，今天我要贏回來。」

二

對衛氏一門的所有人來說，元朔元年是極為重要的一年。

衛青第二次擊敗匈奴尚在其次，更重要的是，衛子夫終於誕下了整個國家翹首以盼的皇長子。

武帝十六歲登基，迄今已過去十三年。不論對武帝還是對整個國家，天子是否有繼承者，是比戰勝匈奴更為重要的大事。帝祚綿延、順承有序，才能緩解天下子民的焦慮。

天下狂歡之際，武帝為皇長子取名劉據，冊封衛子夫為皇后，大赦天下。

官封車騎將軍的關內侯衛青兩敗匈奴，已深得武帝之寵，其姊衛子夫誕下皇長子，登上皇后寶座。衛氏一門，在短時間內登上他人畢生也難以抵達的權力高峰。

就連年少的霍去病，也有了皇長子表兄的耀眼身份。

衛青的府邸開始人頭攢動，朝廷大員絡繹不絕地拜見關內侯，也順便奉承霍去病。

衛青不適應這樣的恭維，尚未成年的霍去病更不適應。後來，只要有客登門，霍去病便與公孫敖至後院練武。

三

總在府中，不足以開闊視野，衛青和公孫敖開始帶些侍從，與霍去病前往長安外的少華山、太白山、驪山、終南山等地練習武藝。

群山連綿，霍去病登高望遠，心中起伏。是的，眼前所見，便是綿亙不絕的大漢江山。將來他也要像舅舅一樣，保衛大漢江山，不許匈奴人侵入。他下定決心，有朝一日，自己一定要像舅舅那樣名揚天下。

衛青此時已告知霍去病其身世。他的生父叫霍仲孺，和衛少兒是在平陽相識，那時衛青和衛子夫也還在平陽侯府當騎奴和歌女，他們姊弟仨還經常見面。衛青記得非常清楚，霍仲孺離開衛少兒母子時，霍去病剛過完兩歲生日。正是那一年，衛子夫入宮，衛青也前往建章宮當差。

霍去病也不再為此事糾結，他的天地已經廣闊許多。他不僅操練兵事，又經常把軍士分為兩組，後逐漸增加軍士，每次分為數組佈陣時，霍去病都會認真思考自己應如何指揮，飛快地從中領悟兵法之道。

眼見霍去病進步飛速，衛青心中喜悅，不時給予鼓勵。

四

很快，一年時間過去了。衛青知道，若再拘泥於府邸和這幾處山巒，外甥的本領很難再更進一步了。

下一步該如何安排？讓外甥隨軍嗎？他還太小了。尤其是，霍去病天賦雖異於常人，但若將他帶往軍中，難免會有人以為他徇私提拔親屬。

他忽然想起了建章宮。

那裡的期門軍是當今皇上劉徹一手親建，是真正行軍佈陣的練習之所，也是真正的鍾煉勇士之處。

衛青迅速做出了決定。

是年，正逢衛青擊敗匈奴白羊王與樓煩王，收復河朔，被加封為長平侯，皇上詔令設朔方郡（今內蒙古鄂爾多斯），命蘇建修朔方城，徙民十萬。

衛青已預料到，匈奴不甘失敗，必騷擾朔方，培養新生將領已迫在眉睫。再者，公孫敖兩年前兵敗，貶為庶人，衛青也盼他能東山再起，唯一的可能便是待來日大戰，重立軍功，自能再得武帝歡心。

想到這裡，衛青決定將公孫敖與霍去病都帶往建章宮。

聽到這樣的安排，公孫敖和霍去病都很高興。公孫敖早盼能得再起之機，霍去病則渴望另一片更開闊的天空。

沒有哪隻幼鷹，不渴望展開翅膀迎風翱翔。

尤其，建章宮是舅舅的起步之地，舅舅走過的每一個地方，無不令霍去病心馳神往。

更令他激動的是，舅舅帶他到建章宮前就答應他，待他年滿十八，便帶他上陣殺敵。

五

武帝對騎兵的經營極為重視。自高祖以來，從未有哪位先帝戰勝過匈奴，核心原因便是漢朝騎兵不強。大漢立國之初的窘境，還讓人記憶猶新，馬匹的缺少竟使貴為天子的劉邦也找不出四匹顏色相同的馬，連韓信、蕭何這樣的將相坐車也只能以牛代馬拉車。如今漢朝已歷數代，國勢大增，但騎兵仍然缺乏。是故，武帝很是下了一番心血。

到建章宮後，霍去病和公孫敖都有如魚得水之感。二人箭法、騎術俱是驚人。期門軍人都知公孫敖騎郎出身，若不是兵敗代郡，恐怕已登侯位。他雖吃過敗仗，但畢竟是與匈奴面對面交鋒之人，無人敢輕看。倒是霍去病，雖人高馬大，但終究是少年。初至期門軍時，很多人以為他不過是倚仗舅舅權勢而來。不料，短短幾天，霍去病的精湛騎術及箭法便令所有人刮目相看。

沒有哪處障礙，能阻攔霍去病胯下的馬匹；整壺羽箭，箭箭中的。

建章宮的每一項訓練都極為嚴格。這裡的環境和衛青府邸大不相同。在衛青府邸，只有他和公孫敖兩人，一傳一學，即便在山中，人數終究有限。此刻是數百人同時出馬，霍去病的激情被宏大的場面喚起，他不僅在各種攻防演練中游刃有餘，在手搏訓練中，更是全軍翹楚。

沒有人再質疑他的年齡，只記得他的勇猛、天份與刻苦。

六

很快，關於霍去病的消息傳到武帝耳中。剛聽到時，武帝不禁啞然失笑。在他看來，一個十來歲的少年如何能在自己精挑細選的六郡軍士中首屈一指？應是那些軍士不過因為霍去病乃長平侯外甥而有所退讓。

念頭一轉，武帝又頓覺不對。這支他親建的軍隊都是年輕熱血奮進之人，不可能出現退讓之事，出自建章宮的衛青就是他們活生生的榜樣。

終於有一天，心懷好奇的武帝親來建章宮視察。

他真的沒有失望。霍去病的非凡英姿、出類拔萃的武藝使武帝當即擢升他為騎郎。所謂騎郎，便是平時在宮中充當輪流值班的護衛，當皇帝出行時，則充任御輦旁的車騎侍從。官職不大，身份卻極為顯赫。

大漢王朝最為輝煌耀眼的將星，即將冉冉升起。

年歲之約

一

有時候，霍去病也會入宮。他發現，未央宮不比建章宮，這裡每一位護衛都恪守宮規，哪裡都不敢亂走。

衛子夫平時將後宮管理得井井有條，卻並不太約束霍去病，允他時常走動。其他護衛見狀，極為吃驚。但武帝著實喜愛霍去病，也對他頗為放任。在武帝心中，甚至想到等太子劉據稍大點，可隨霍去病習武。

此時劉據已經兩歲，愈來愈招人喜歡，霍去病便一招一式地引他學武。衛子夫和侍女在旁觀看，都不禁微笑。

在激流暗湧的深宮之中，這是衛子夫最為享受的時刻。

二

元朔三年（前一二六年）的一個夏日，霍去病正在逗劉據玩耍，忽聽「陛下駕到」，他們當即走到門外迎接。

只見武帝和幾個近侍一路走來。

衛子夫和霍去病即刻行禮請安。

看皇上面帶微笑，衛子夫問：「看陛下眉宇，是不是今天又有喜事？」

武帝哈哈一笑，說道：「皇后果然好眼力！」

劉據見到父親，也張開雙手，跌跌撞撞地走來。

武帝彎腰將兒子抱在懷裡，春風滿面地說道：「據兒有沒有想父皇啊？」

衛子夫在旁笑道：「據兒每日都想父皇啊。」

武帝抱著兒子，看著衛子夫微笑道：「今日朕心甚喜，出使西域的張騫歸朝了！」

衛子夫驚訝地說道：「他還是在臣妾入宮之年出使西域的，這屈指一算，已過去十三年了，竟今日歸來了？」

武帝點頭說道：「不錯，十三年前，朕命張騫前往大月氏，卻於往返途中，兩度被匈奴扣留。這次若不是軍臣單于亡故，匈奴中發生奪位之爭，張騫恐怕還回不來呢。」

說到這裡，武帝臉上笑意消失，眉頭微皺，似是想起這十三年之間，終是憂多於喜。十三年過去，匈奴仍然未滅，尤其張騫出發之時，帶一百多人隨行，歸來時只剩他和堂邑父二人，不禁又心頭沉重。

霍去病忽然說道：「陛下，匈奴膽敢扣留大漢使臣，豈能輕饒？」

武帝回頭看了眼霍去病，緩緩道：「朕也不想輕饒他們，只是……」

霍去病慨然說道：「陛下派出大漢騎兵，把單于拿下，不就報仇了嗎？」

武帝失笑道：「去病，你說得太容易了！匈奴一直是我大漢之患，朕沒有一日不想蕩平北方。可用兵之道，不在一勇，而在良謀。」

霍去病不加思索，即刻答道：「陛下聖明。依臣之見，有勇無謀，固然不可，可有謀無勇，也是難成。」

武帝聞言，不由一怔，覺得眼前這少年還真有自己的想法。他微微點頭，說道：「朕知你武藝超群，勇是勇了，可朕還是勸你多讀兵書。用兵之人，豈可不明兵法？」他拍拍霍去病的肩頭，說：「長平侯便是熟讀兵法，才能取得對匈奴的連番勝利啊。」

霍去病微微一笑，拱手說道：「陛下明鑑，長平侯用兵如神，確與熟讀兵書有很大關係，可當年趙括何嘗不是將兵法倒背如流？最後卻只落得空口談兵，長平一戰，被白起坑殺四十萬銳卒，趙國從此一蹶不振。臣以為，兩軍交戰，固然要熟兵法，可戰場萬變，相機而動才是上上之策，大可不必拘泥於兵書所言。」

聽聞此言，不僅武帝吃了一驚，連衛子夫在旁也臉露詫色。難以想像，一個十四歲的少年居然能說出這樣一番話來。

武帝哈哈大笑，對霍去病說道：「去病，朕還真是沒看錯你！就衝你剛才這番話，朕加封你為侍中！以後日日上朝，與聞朝政，不必守在宮室了。」

霍去病大喜，單膝跪地，說道：「謝陛下！」

衛子夫也驚喜異常，向皇上行禮致謝。

劉據不明大家為何如此興奮，他看看衛子夫，又看看武帝，搖搖晃晃，終於還是走向霍去病。

武帝見霍去病抱起劉據，臉上笑容猶稚，心想待據兒日後登上大位，霍去病還真能成為據兒可倚仗的將領。不過，還是得讓霍去病先到戰場上磨練一番。

三

時光匆匆，轉眼到了元朔五年（前一二四年）春天，匈奴右賢王時時侵擾朔方郡的消息不斷傳來。武帝極為震怒。自衛青三年前收復河朔，武帝便接受主父偃奏請，在北方增朔方郡。此舉令新登單于之位的伊稚斜食不下嚥，在其嚴令之下，匈奴右賢王兵入河朔，企圖一舉奪回失地。

此時的大漢王朝，除了衛青，已無人能得武帝信任，當下命衛青率三萬精騎，出高闕迎戰右賢王。

霍去病極想隨軍出征。武帝說道：「你到宮中之時，不是對朕說過，長平侯已答應你年滿十八後隨軍嗎。你如今剛剛十七歲，再等一年吧。明年若匈奴再犯，不必長平侯多說，朕會親自頒旨，命你出征！」

霍去病聞言，極為鬱悶，恨不得現在就到十八歲。但確實有言在先，也只能眼睜睜看著公孫敖被衛青重新任用，充任中將軍隨軍。

站在城樓上，看著舅舅率大軍出發，繡有「漢」與「衛」字的大旗迎風勁舞，霍去病只覺心頭怏怏，直到如長蛇一般蜿蜒的軍隊再也看不見了，才悶悶不樂地走下階梯。

漢武帝內心清楚，此次出征，對國家來說將是極為凶險的一戰。當初增設朔方郡時，帝國徙民十萬，付出財力物力不計其數。以公孫弘為首的大臣上奏反對，他們認為，河朔遠離中原，實乃「無用之地」，不值得為它「罷弊中國」。更何況，如果匈奴發兵奪回，十萬民眾無疑將成為殉葬品。

然而對武帝來說，設郡乃是為了牢牢掌控河套之地，連番征戰，對國家財力是空前考驗，其中風險，自己又如何不知？是以衛青出征之後，武帝遂去上林苑打獵，暫避群臣，也穩定一下自己的心神。戰爭本來就是流血的政治。武帝希望所繫，便是衛青再獲大勝。匈奴右賢王部素以兵強馬壯聞名，衛青率軍三萬出征，已是現在朝廷所能派出的精騎了，所以更不能失敗，否則不僅反守為攻無望，連日後的防禦也難以為繼。總之，這是只能勝不能敗的關鍵一戰。

對於霍去病，武帝看在眼裡，其與生俱來的勇猛恰好與衛青形成完美無缺的互補。但不到最佳時機，還不能讓他釋放能量。

四

武帝自上林苑回朝後，不多日便捷報傳來。衛青率部出塞後，奔襲近七百里，夜圍右賢王。右賢王措手不及，只帶得親信數百人潰圍而逃。衛青生擒匈奴裨王十餘人，俘虜一萬五千名匈奴精銳。至於各種畜類，竟達百萬之多。

衛青不但解除了武帝之憂，更取得大漢迄今為止最輝煌的一場大捷。

武帝欣喜之下，派使者攜大將軍印前往衛青營帳，於軍中拜衛青為大將軍，掌天下兵馬，甚至連衛青三個幼小的孩子也賜地封侯。其麾下戰將，竟有十人被授侯位，公孫敖也一雪前恥，被封為合騎侯。

衛青奏凱還朝時，武帝當廷下旨，公卿以下官員全部在大將軍馬前行拜謁之禮，武帝也親賜御酒三杯。衛青聲望達至巔峰，普天之下，無人不爭相以親見大將軍豐儀為榮。

霍去病激動得難以入眠，當夜進宮，求見天子。

武帝有點驚訝霍去病深夜求見。霍去病走到武帝身邊，單膝一跪，抱拳說道：「微臣懇請陛下，不要忘了年歲之約。」

武帝初時一愣，旋即哈哈一笑，說道：「君無戲言，朕怎麼會忘記？」

五

在霍去病的煎熬等待中，終於盼來了第二年的春天。衛青於二月再次受命，兵出定襄（今內蒙古呼和浩特），北抗匈奴。霍去病再也按捺不住了。衛青剛剛接旨，霍去病便出班奏道：「陛下，微臣懇請此次隨大將軍出征！」

武帝不動聲色地看了霍去病一眼，緩緩說道：「你為何忘記自己的年齡？」

霍去病滿臉著急，拱手說道：「陛下明鑑，微臣於陛下登基之年出生，如今元朔六年，正好十八歲，陛下和大將軍都曾答應我，年至十八，便可出征了！」

衛青還未說話，便聽武帝微笑說：「朕早已知曉，你生於三月，尚有一月才滿十八歲。」

霍去病臉都漲紅了，大聲說道：「陛下已經答應我，年到十八歲，便可出征，陛下豈能出爾反爾？」

此言一出，群臣顏色俱變。朝堂之上，何時出現過對天子的責言？衛青也暗自吃驚，一時竟不知如何開口，抬頭一看，卻見武帝面帶微笑，說：「朕說過的話，句句記得。朕所言，是待你年滿十八歲，不是年到十八歲，待一月之後，朕將如你所願。」他轉眼看向衛青，說道：「大將軍，朕命你明日出征，靜待你的凱旋之音！」

衛青抱拳：「臣領旨！」

獲勝封侯

一

元朔六年（前一二三年）二月，衛青再次出征，又以斬獲數千匈奴首級之功，完勝還朝。

霍去病一邊對舅舅的崇敬之心更甚，一邊摩拳擦掌，等待屬於自己的機會。機會到來之快，連霍去病自己都沒想到。

四月，連吃敗仗的伊稚斜單于不甘祖父冒頓單于滅東胡、逐月氏、取河套、困高祖、辱呂后的威風在自己手上消失殆盡，急於挽回頹勢，竟又一次悍然出兵，入侵漢境。

急報傳來，受命率軍的自然是大將軍衛青。

這一次，不待衛青與霍去病開口，武帝當廷封剛滿十八歲的霍去病為剽姚校尉，隨軍出征。令群臣意外的是，尚無實戰經驗的霍去病，不僅是隨軍，武帝還命衛青撥八百輕騎交其指揮。

對霍去病來說，心中十分清楚，若無天子親自頒旨，他只能是普通軍士。所以，他非旗開得勝不可，否則日後只會令人輕看。

數萬漢騎在校場整裝待發。他們的馬匹在軍旗下站立，蹄蹬尾掃。

剽姚校尉霍去病頂盔貫甲，罩袍束帶，披風佩劍，英氣勃勃地大踏步跟在衛青等人身後，臉上寫滿了青春、渴望、信心、激情。

北逐匈奴，邊關望月，是他長久的夢，如今夢想即將成真。

二

兩個月前出征北地，衛青麾下有六位將軍輔佐，分別是中將軍公孫敖、左將軍公孫賀、右將軍蘇建、前將軍趙信、後將軍李廣及強弩將軍李沮。

此次出征，仍是這六人為帳前大將。

出征前，衛青問霍去病需要哪位將軍輔佐。霍去病心知，這六員大將均戰功赫赫、資歷頗深，自己雖被任命為剽姚校尉，然而臨到戰場，難免要服從這些從軍時間遠長於自己的前輩。然而霍去病心中的行軍旨要為「隨機應變」，有人管轄多有不便，於是慨然答道：「末將只需八百輕騎，無須其他將領。」

衛青突然產生一種強烈的預感，霍去病的確不需要他人指引。連武帝也信任霍去病，自己有什麼理由不信任？當下點頭同意。

大軍逶迤，風吹旗展。

沒想到，大軍剛出定襄，霍去病又即請命衛青，讓自己率所部八百騎先行，自覓戰機。衛青聞言一愣，那六位將軍也是驚訝不已。區區八百騎，若是遠離大部，會不會遭遇當年高祖的命運？天下無人不知，高祖七年（前二〇〇年）冬天，劉邦親率三十二萬大軍出晉陽迎擊匈奴，便是因騎兵行進過快，主力步兵未能跟上，被冒頓單于圍困平城白登山達七日七夜，幾乎葬送了剛剛打下的大漢江山。如今霍去病竟然只帶八百騎先行，難道他不知什麼是前車之鑑嗎？

衛青略一沉思，對霍去病點頭說道：「戰事凶險，多加小心！」

霍去病慨然應允，縱馬遠去。八百騎馬蹄激起滾滾煙塵，遮住了北方天空。

三

遠離大軍，霍去病只覺天高地闊。蒼涼無盡的茫茫曠野，風雲激烈的萬里長空，不正是每一隻雄鷹的展翅之所嗎？

霍去病率部四處覓敵。這日狂奔百里之後，霍去病勒住戰馬，命部隊停下。

八百健兒齊齊勒馬，望向霍去病。

霍去病勒轉馬頭，大聲說道：「我已請命大將軍，自行覓機殺敵。前面乃陰山東麓，依我所料，東麓之後，必是匈奴駐紮之地，我們首次出征，必得讓匈奴知我大漢之威！我們今日便繞過山麓，直入陰山，一個匈奴士兵也不要放過！諸將士俱聽我令！」

八百騎兵山呼海嘯般齊聲回答：「諾！」

霍去病一勒韁繩，再轉馬頭，手中長劍前指，厲聲喝道：「隨我來！」話音未落，胯下青驄馬四蹄已開。霍去病一馬當先，身後的八百騎同時催馬，一股滾滾煙塵，直向陰山東麓席捲而去。

果如霍去病所料。伊稚斜單于的叔父羅姑比駐紮在此。

此次伊稚斜單于侵漢，兵分數路，交給叔父羅姑比的，是一支能征慣戰的千人精銳。伊稚斜單于知武帝必遣衛青迎戰。匈奴人幾次敗在衛青手下，早已不敢輕忽，是以伊稚斜單于將這支千人精銳交到自己最信得過的叔父之手，打算作為增援力量。

羅姑比自恃自己遠離前線，極是安全，所以只派出斥候，偵察衛青主力何往。他今日得到的情報是衛青尚有兩百多里之遙，遂放鬆警惕，大部份人馬都在營中休息。

陡然間，驚天動地的吶喊聲傳來，羅姑比十分震驚，正欲派人打探，營門已被攻破。

羅姑比猝不及防，部下雖是精銳，卻因突襲而全軍混亂。霍去病帶八百輕騎闖入大營，如虎入羊群，大量匈奴人來不及上馬，便被漢騎揮刀取命。

霍去病兵分兩路，將匈奴部眾分割獵殺，自己縱馬撲向中軍大帳。羅姑比沒料到漢軍竟如閃電般殺到，驚駭中剛剛翻身上馬，便聽得耳邊一聲大喝：「哪裡走！」接著便被霍去病生擒活捉！

主將被擒，匈奴全軍混亂，霍去病的八百輕騎人人驍勇，片刻工夫，竟將羅姑比這支千人精銳全部剿滅。霍去病勒馬對散逃的匈奴敗軍揚聲喝道：「今日饒過爾等，回去告訴你們單于，我乃大漢霍去病！」

隨後，霍去病從羅姑比口中得知，匈奴的籍若侯在距此處兩百里外。籍若侯名為產，是伊稚斜單于祖父輩的人物，在匈奴中威望頗高。霍去病即刻下令，八百騎征甲不卸，再馳兩百里突襲。

八百輕騎已被勝利激發得壯志凌雲，他們再次勢如狂飆，朝兩百里外奔去。籍若侯也未料到漢軍如此迅疾，待他看見前方煙塵滾滾時，馬蹄聲已是驟如奔雷。

籍若侯判斷不出來軍是羅姑比部下還是漢軍，只能催馬迎上，只見前面煙塵中已閃出一員少年漢將，在他身後戰旗飛揚，上面寫著威風凜凜的「霍」字。

籍若侯剛想迎敵，只見對方長劍如電，耳邊剛響起一聲「下馬」的喝叱，一低頭看到長劍刺進自己胸口，隨即翻身落馬。

主帥瞬間陣亡，匈奴人陣勢大亂。霍去病率領的八百輕騎又以風捲殘雲之勢，快速擊潰了這支千餘人的匈奴部眾。

一日兩戰，霍去病統計戰果，殺敵竟有二千零二十八人。包括羅姑比在內，俘虜的尚有匈奴相國與當戶。霍去病命手下將陣斬的匈奴人頭掛於每人馬側，自己手提籍若侯首級，傲然說道：「回大將軍處！」

此時正值黃昏，草原之上，只有狂風與戰馬長嘶。

聽聞兩支精銳折損，伊稚斜單于再也無心戀戰。他雖擊敗漢軍蘇建與趙信聯合的三千騎兵，逼使趙信投降，但自己的損失之大仍超出預期，他下令收軍返回王庭。

漢軍又一次凱旋。此次勝利的光芒，盡在霍去病身上閃耀。

四

看著殿前站立的衛青與霍去病，武帝掩飾不住內心喜悅。是的，他從未懷疑霍去病的才華，但他創下的功績，仍是超出期待，如何不令人驚喜？

武帝心中清楚，從元光六年（前一二九年）至今，衛青在七年間六擊匈奴，每戰皆勝，實為大漢立朝以來僅見的對匈戰績，也讓天下臣民有了一種衛青出兵必勝的信念。衛青的戰術是以多擊少，圍殲擊破；今日霍去病以八百之眾，竟斬首匈奴兩千有餘。衛青此次斬敵萬人，卻終究佔了兵力優勢，而且其中包括三千精騎覆滅和趙信投降。此消彼長，襯托得霍去病更加神威。

武帝論功行賞，衛青一路，軍功不多，其部下只有斬首匈奴兩千的上谷太守郝賢被封為眾利侯。

作為全軍主帥，衛青功過相抵，不予加封，只賜千金為賞。

如何賜封霍去病呢？

武帝手按御案，沉思良久，然後決定封他為「冠軍侯」。

武帝掃視群臣，目光威嚴地說道：「大將軍衛青，冠軍侯霍去病，實乃我大漢帝國雙璧！蕩平匈奴，本朝指日可待！」

馬踏焉支

一

漢朝雖在與匈奴的交戰中有了幾次勝利，但終究還是不能根除北方邊患。武帝深知，七年征伐，文、景二帝留下的龐大財力幾乎竭盡，大漢已無力主動北征。此次霍去病以疾風掃落葉之勢連敗匈奴，並不意味著漢朝就獲得了戰爭主動權。

禍福相倚。匈奴一方，伊稚斜單于接受了此戰中投降的趙信的提議，引軍北往，不再以入侵為手段，而是想引誘漢軍深入腹地，以伏擊來消滅漢軍主力。

衛青七年六勝，已令匈奴畏懼；霍去病一日兩捷，更令胡人膽寒。

大漢國力損耗，匈奴也是筋疲力盡。雙方都急需養精蓄銳，於是暫時息兵罷戰。

第二年，即元狩元年（前一二二年）四月，武帝頒下聖旨，立七歲的皇長子劉據為太子，大赦天下，普天同慶。不料，僅過一個月，匈奴竟又派出萬人入上谷，殺吏民數百。武帝頗感意外，因他得到的密報是伊稚斜單于養兵漠北，眼下居然又突擊侵境，還來不及命衛青出征，匈奴人已然退去。

「大將軍以為匈奴此次為何退軍如此之快？」在御前軍事會議上，武帝直接問衛青。

衛青答道：「依臣所見，匈奴連年敗績，此次見陛下立太子，以為防守鬆懈，前來試探而已。伊稚斜如今軍藏漠北，想誘我深入，然後包圍殲滅，陛下不可不察。」

「大將軍，」霍去病有點急不可耐，說道：「不管匈奴是否有意引誘，我想請命北擊，讓匈奴再嘗我大漢軍威。」

衛青微笑道：「冠軍侯切勿著急，打仗既拚勇敢，也拚國力。」他又轉向武帝說道：「臣以為，我大漢宜休兵一年，待明年兵精糧足，我們便可主動北上，再破匈奴！」

霍去病見舅舅如此一說，才覺自己考慮得確實不夠周詳。

武帝低頭打量攤在桌上的地形圖，伸手指點住陰山，又慢慢移到河西走廊上的焉支山脈停住，凝視片刻後緩緩點頭，說道：「大將軍言之有理。」他又看向霍去病，說道：

「冠軍侯勇武超群，可國力不允，就且休息一年。朕准大將軍所奏，一年為期，蓄養國力。朕不想把匈奴之患留給擄兒。」

他背手來回踱步，抬頭喃喃說道：「一年，一年……」忽又站住，凝視面前的衛青和霍去病，朗聲說道：「大將軍聽旨！朕命你以一年之期，潛心操練士卒！冠軍侯聽旨！朕命你一年以內，不可再提北征之事！群臣也禁議北征。一年之後，朕將兵發焉支山，以絕匈奴西遁通道。匈奴之患，朕已不可再忍！」

「臣遵旨！」衛青與霍去病齊聲答道。

二

伊稚斜單于五月兵襲上谷，果然只是試探。上谷太守是一年前被賜封為眾利侯的郝賢，他知道自己兵力不足，不能主動出擊，但防守卻是綽綽有餘。伊稚斜單于也未全力攻打，見郝賢防守得法，回去後傳趙信來詢。

趙信原本是匈奴小王，後戰敗降漢，上次出師與蘇建合軍遇上匈奴主力，兵敗後再次歸於匈奴，他對倒戈投降並無內疚，尤其被伊稚斜單于封為自次王後，更是感恩戴德。

倚仗自己對漢朝軍事的瞭解，趙信對伊稚斜單于分析道：「劉徹和我們打了七年有餘，他哪還有那麼多兵餉？漢軍防守有些門道，我們強攻得不到什麼好處，不如屯兵漠北，蓄養兵力。」

伊稚斜單于聞言頗為不悅，說道：「那依你之見，我們對漢朝就此罷手不成？」

趙信趕緊解釋：「不是罷手，漢軍不來，我們也正可好好整頓。衛青用兵厲害，我們不必再試探，現在漢朝依城據守，我方在此強攻也是損失頗大。所以，依臣之見，還是明年想法誘漢軍深入，一戰打掉衛青的威風，漢朝也就無人可派了。」

伊稚斜單于皺眉說道：「現在劉徹手上不是還有李廣？那個霍去病也不可輕視。」

趙信哈哈一笑，說道：「單于休慮，李廣不過一勇之夫，七年前在雁門外被生擒，若不是老單于要留下活口，這世上哪還有什麼李廣？他若再來，必再被擒。」

伊稚斜單于緩緩點頭，說道：「那霍去病呢？」

趙信不屑地說道：「霍去病不過仗著自己舅舅衛青是大將軍，得以封為校尉，其實不過是一黃毛小兒，去年僥倖贏了兩戰，劉徹竟然昏了頭，封他為冠軍侯。這冠軍侯一封，對我們倒是大有好處。」

伊稚斜單于手一揮，說道：「封為冠軍侯是劉徹的事，對我們會有什麼好處？」

趙信嘴角浮笑，說道：「一旦我們擊敗霍去病，漢軍就會發現，他們的冠軍侯也不過如此。這不正好是對漢軍的重大打擊嗎？」

伊稚斜單于聞言，不禁哈哈大笑，說道：「自次王所言果然有理。那我們就先歸漠北，待明年將漢軍誘入。我若生擒衛青、霍去病，非五馬分屍，替我叔父和籍若侯報仇不可！」

趙信頗有把握地說：「臣在長安，還有心腹，隨時會有消息過來。我們只要能隨時掌握漢軍動態，何愁不能生擒衛青與霍去病？」

伊稚斜單于看著趙信，忽然仰頭大笑，得意非凡，說道：「自次王果然是上天派來助我滅漢之人啊！」

三

元狩二年（前一二一年）春天來臨之際，趙信在長安的心腹果然傳來密報，劉徹調兵遣將，意圖主動北征，但大將軍衛青臥床不起，無法統軍掛帥，然而集中的兵力卻並未解散。

趙信聞報，立刻報與伊稚斜單于。

伊稚斜單于哈哈大笑，說道：「衛青病倒，我看漢朝已無人可派，不如我們統軍南下？」

趙信搖了搖頭，說道：「沒這個必要，我們目前雖然休養了一年，但軍力還需繼續蓄養。劉徹既有北征之意，且軍力未散，足見漢朝並未取消原來的計畫。若劉徹改派他人，我們正好可誘漢軍深入，一鼓而殲。漢軍主力既失，就算衛青再會用兵，也是無計可施了！」

伊稚斜單于聽罷，點頭說道：「自次王可再派人打探，看漢軍有何動靜。」

趙信答道：「臣即刻派人打探劉徹下一步如何行動。我們不妨先行設伏，等漢軍過來。」

伊稚斜單于說：「草原廣大，依自次王之見，該在何處設伏？」

趙信攤開地形圖，手指黃河東北，說道：「衛青最熟悉之途，莫過於從定襄出擊，我們不妨將埋伏圈設在定襄北面的陰山之後。衛青病重，無法帶軍，我推測接替他的，不外乎李廣、公孫敖、公孫賀之流。他們若是出兵，也必選定襄為出關之地。」

伊稚斜單于緩緩點頭，說道：「好！就依自次王之見，立刻傳令，集中兵力，往陰山設伏！」

四

此前，在劉徹眼中，除衛青之外，最受器重的便是李廣、公孫敖、公孫賀等人，但此刻，他手上已多了一個脫穎而出的冠軍侯霍去病。

詔令頒下，年僅二十歲的霍去病為全軍主帥，北擊匈奴。

這實在出乎伊稚斜單于的預料，大漢群臣也沒料到，在他們眼裡，霍去病實在是太年輕了。

二十歲，能夠擔起全軍的統領之責嗎？

但他們都忽略了，從衛青開始，武帝用人，便慣於劍走偏鋒，出其不意。

霍去病記得清清楚楚，一年前，武帝在御前軍事會上，有過「兵發焉支山」之言。

這一年，他一直在深研兵法，慢慢領會到武帝兵發焉支山之深意，乃是為打通西域，壓縮匈奴的空間，使其陷入首尾難顧的戰略態勢。

第一次為全軍之首，霍去病豪情勃發。他放出風聲，稱此次將兵出定襄，然而在率部離開長安之後，他果斷下令，全軍加速直奔隴西。

剛出隴西，霍去病第二道軍令又來，留下輜重，萬騎漢軍全部輕裝上陣，目標鎖定為匈奴左腹深處的焉支山。

兵貴神速。怎樣閃電突襲，是霍去病日日夜夜反覆思考的問題。

軍情一目了然，焉支山前，乃匈奴折蘭王與盧胡王的所在，山後，是重兵在握的渾邪王與休屠王。

焉支山坐落在河西走廊的峰腰地帶，自古便有「甘涼咽喉」之稱，距長安兩千多里。

霍去病已經預感到，這將是一場長途奔襲的戰役。

不僅是閃擊戰，更是大規模的迂迴運動戰，若非不世出的天才，絕對無法將二者結合。

霍去病下達軍令，出隴西的萬騎勢若狂風，直撲焉支山。

當匈奴折蘭王與盧胡王聞得漢軍襲來的消息時，霍去病兵鋒已越過了烏盭山，擊潰了匈奴遬濮部，並渡過了狐奴河，以迅雷不及掩耳之勢，穿過了匈奴五個王國，一路勢如破竹，希望能捕獲單于之子。

深入敵後腹地，霍去病並不減速休整，一直越過焉支山千餘里，迎戰駐紮在皋蘭山下的折蘭王與盧胡王。

二王手下將士早被霍去病勢如破竹的氣勢驚駭得軍心大亂。當漢軍萬騎激起的風沙狂舞而來，以強悍著稱的匈奴人竟然連握刀的手都控制不住地顫抖。

折蘭王與盧胡王合軍雖達數萬，卻在彼此的眼神中，看到了相同的膽怯。

但霍去病大軍的馬蹄已不容許他們退卻。

與匈奴交手以來，漢軍從未像現在這樣信心百倍，奮不顧身。主帥的勇氣，激勵著每一個將士。

漢軍如猛虎般切入敵陣中，與匈奴戰士短兵相接。匈奴人鬥志不高，逐漸處於劣勢。折蘭王與盧胡王有意遁逃，霍去病已驟馬如電，厲聲大喝，當場將二王斬於馬下。其餘匈奴軍士心膽俱裂，四散而逃。

五

戰後，霍去病命人統計戰果，此戰斬首三千多匈奴精銳。

「三千？遠遠不夠！」霍去病對身邊將校說道：「匈奴渾邪王與休屠王號稱十萬鐵騎，諸將隨我，滅了他們的威風！」

「喏！」十餘名將校齊聲回答。

當夜，霍去病已從俘虜口中得知匈奴渾邪王和休屠王的具體位置。

第二天天色未亮，霍去病大軍已起。他知部下疲憊，但他不想給匈奴人以喘息之機。他果斷下令，避開渾邪王和休屠王的正面精銳部隊。大軍疾馳，直撲渾邪王與休屠王的部族所在。

當漢軍如神兵天將般出現在二王的部族領地時，勝負已沒有了懸念。

渾邪王的兒子，匈奴的相國、都尉以及休屠王的祭天金人，都成了霍去病的報功之物。

此戰斬獲的匈奴首級，達到了前所未有的八千九百餘級。

河西首戰結束了，僅僅六天。這是不可思議的速度。

霍去病不負「冠軍侯」之名，全甲還朝。

勝利的喜悅蔓延到國家的每一個角落，再也沒有人懷疑霍去病的能力了。

武帝大喜，當廷下詔，加封霍去病二千戶。在他眼裡，徹底擊潰匈奴，已是指日可待。

祁連悲歌

一

霍去病回朝後，興匆匆地去看舅舅衛青。

衛青仍是病榻纏綿，幸賴妻子平陽公主悉心照拂，略有好轉。

霍去病在軍中寡言少語，一是行軍速度太快，二是不願讓他人干擾自己的心神。見到舅舅，他難掩興奮，將這六日戰事詳細地說了一遍。衛青十分欣慰，在漢朝諸將眼中極為強悍的匈奴，竟然在面對霍去病時，如枯木朽株，不堪一擊。

「回去做好準備，第二戰很快要來。」衛青面色凝重地說。

霍去病一愣，說道：「匈奴如此慘敗，難道他們還敢犯境？」

「不是他們，是陛下。主動權已在我方，戰機稍縱即逝，趕緊回去準備。」

霍去病這才明白過來，點頭道：「去病只盼舅舅早日恢復健康，我們同掃匈奴！」

衛青面露微笑，說：「一定會的！」

二

兩個月後，武帝果然下旨，全軍休養已畢，是再次出征的時候了。

霍去病不由對舅舅更為敬佩。

此次出征，武帝調集了數萬騎兵。主將名為霍去病與合騎侯公孫敖兩人，但誰都知道，真正的發令者，只可能是如日中天的冠軍侯霍去病。

二人從北地郡出兵，再次深入匈奴腹地，志在掃平河西。為配合霍去病主力，武帝還調遣了博望侯張騫與郎中令李廣，率一萬四千精騎從右北平（今遼寧凌源）出塞。他們的主要任務是牽制匈奴左賢王部，確保霍去病西征取得全勝。

大漢能否獲得甘涼要衝的最終控制權，打通西域之路，在此一役。

此次出征，霍去病率軍正巧路過河東郡，他的生父霍仲孺此時正在河東郡平陽縣，霍去病知曉後，心中已有決定，是時候給自己和生父一個交代了。

霍去病只帶幾名親兵進入平陽縣城。

平陽縣民眾得知威名赫赫的冠軍侯霍去病來了，紛紛扶老攜幼，想一睹冠軍侯丰姿。

一個七八歲的孩子忽然擠到霍去病馬前，抬頭說道：「你就是冠軍侯霍去病？」

霍去病低頭一看，見眼前的孩子眉清目秀，惹人喜愛，便微笑道：「我就是霍去病，你是誰？」

那孩子說道：「你姓霍，我也姓霍。」

霍去病不由一愣，隨即問道：「你叫什麼？你父親呢？」

那孩子大聲說道：「我叫霍光，我爹爹叫霍仲孺。」

霍仲孺自然知道，早已名震天下的冠軍侯霍去病是自己兒子，但他哪裡敢說？二十年前，自己與衛少兒母子分開。數年後，遵母命娶親，直到八年前才又生得一子，取名霍光。他一直死死保守著這個祕密，生怕出言不慎，惹來大禍。

當聽說冠軍侯霍去病將至平陽時，霍仲孺十分忐忑。他在家中來回踱步，忽聽得霍光在外面喊：「爹！冠軍侯來我們家了！」

霍仲孺驚得渾身一抖，再也邁不開腳步。

霍仲孺只覺大禍臨頭，不覺跪下，顫聲說道：「小民恭迎冠軍侯！」

霍去病立刻下馬，也當即跪下，聲音顫抖：「你，你就是我爹，爹快請起，受孩兒一拜！」

旁邊的軍士震驚地對視一眼，即刻將霍仲孺扶起。

霍去病在父親面前，恭恭敬敬地拜了三拜，才起身站立。

霍仲孺終於明白，霍去病竟然是來認父的，他不禁激動落淚。

霍去病也禁不住眼眶發熱。他左右張望，見父親家裡甚為簡陋，當即轉身對軍士說道：「你們即刻去買田宅奴婢，好好安置我父。」

霍仲孺轉身入內，手拿一柄小木劍出來，顫聲說道：「冠……冠軍侯，你看，這把木劍，還是大將軍二十年前為你所削，我……一直留著，我……無日不想你啊。」說到這裡，老淚縱橫。霍去病聽母親說過這把木劍，沒想到父親保存至今，他伸手接過，眼淚奪眶而出。

這把木劍已讓他知道，父親從未真正地拋棄過自己！

霍去病料理完生父家中事後，再無掛礙，即刻踏上征程。他與公孫敖仔細謀劃。霍去病提議，兵分兩路，擾亂匈奴防線，在居延澤處合兵，同赴祁連。

公孫敖點頭道：「如此甚好，你我分兵，匈奴也得分兵，互相呼應，可拉開匈奴防線。」

策略已定，兩人各自率部出發。

沒想到的是，霍去病率部急行兩千里後，竟再也得不到公孫敖的任何消息。

此刻他手上只剩一半軍力，他抬眼看向身後這些隨自己踏過焉支山的血性男兒，慨然說道：「合騎侯已聯繫不上，我們要麼收兵，要麼孤軍深入。收兵無功，孤軍是險，該當如何？」

此刻他看似在問，其實心中已早有決定。

果然，霍去病也不等有人回答，雙目炯炯，鏗然的說道：「大漢男兒，豈可逢難而退！」

部將趙破奴、高不識、僕多等人奮然說道：「我等絕不後退！誓隨將軍！馬踏祁連！」

數萬鐵騎同聲吶喊：「誓隨將軍！馬踏祁連！」

霍去病拔出腰間寶劍，抬手劃道弧線，劍尖直指北方，厲聲喝道：「即刻出發！」

大軍馬蹄一動，霍去病便感覺渾身血液在飛速奔流。

霍去病左手扣韁，右手長劍直指前方，一直高喊「隨我來」。

這三字傳揚開去，他身後的千軍萬馬都感到一種凝聚在一起的激情。

戰爭中，勝負的天平永遠只向士氣更旺盛的一方傾斜。

狂風一般的大漢鐵騎在霍去病帶領下，越過居延澤，穿過小月氏，整個西部草原在霍去病大軍的馬蹄下震動。

終於，綿延峭拔的祁連山如夢境般在眼前出現了。

時方夏日，祁連山群峰仍是白雪皚皚，直入蒼穹，抬頭遙望，令人目眩神迷。自大漢開國以來，還是第一次，祁連山脈在大漢軍騎面前展開了它亙古不變的壯麗英姿。

三

沿著山麓，數萬騎匈奴軍隊擺開了陣勢。

霍去病心頭熱血澎湃，陣勢列畢後，大喊一聲：「先破匈奴，再洗征衣！」只見霍去病揮劍直進，他身後的大漢軍騎也奮勇爭先，吶喊聲波翻浪湧般撲向匈奴陣營。

對匈奴人來說，祁連山是他們世世代代繁衍生息之地，從未想過漢軍會兵鋒至此。在他們眼裡，從來只有漢軍防守，只有他們能殺入大漢疆土，如今自己也嘗到了戰爭的苦果。

這裡的匈奴將士有不少參與過焉支山之戰，早已領教了霍去病的犀利劍鋒。此刻見霍去病縱馬衝陣，不由心頭震恐，但又不得不上前迎戰。

這是載入史冊的一戰。

雙方的嘶吼吶喊，刀光劍影，瀰漫了整個山麓。

祁連山的山峰震顫，雪如春潮，轟隆而下。

霍去病、趙破奴、高不識、僕多等漢軍將領，將自己的名字永遠刻在了祁連山的石頭之上。

大漢軍騎孤軍深入，沒有支援。但在霍去病身先士卒的衝鋒下，大漢全軍氣衝霄漢，個個以一當十，匈奴兵多無勇將，兼之元氣未復，再次兵敗如山倒。再也無心戀戰的匈奴單桓王、酋涂王率眾投降。

此役漢軍共殺敵三萬二百人。

霍去病血滿征衣，手中長劍，傲然指向祁連最高之峰！「冠軍侯！冠軍侯！」勝利的大漢將士忍不住齊聲吶喊。千百年後，祁連山的峰谷似乎還迴盪著當年浩大聲勢的不絕迴響！

此戰之後，河西大局已定，霍去病軍旗所向，令曾經不可一世的匈奴人聞風喪膽！令霍去病名垂青史的祁連山一役，不僅為大漢收復了軍事價值無二的河西走廊，更打破了匈奴人的心理防線。在此處世居的匈奴人，只剩下翻越祁連山引馬北去的唯一出路，離開了他們賴以生存的草原。

在祁連山下，匈奴人留下了一支令人聞之心酸的悲歌：

亡我祁連山，使我六畜不蕃息！

失我焉支山，使我婦女無顏色！

歌聲的淒切反映了漢匈之間攻守關係的轉變。這是在霍去病手上完成的巨大轉折。武帝增封再勝還朝的霍去病五千戶，其部將趙破奴被賜封為從票侯，高不識為宜冠侯，僕多為煇渠侯。

黃河受降

一

失去祁連山，令伊稚斜單于不可忍受。他勃然大怒，召駐紮於此的渾邪王和休屠王前來，想要誅殺他們。

渾邪王數次敗於漢軍之手，河西走廊的匈奴兵力盡失，除投降和被俘者外，疆場陣亡的超過四萬精銳。渾邪王與休屠王早惶惶不可終日，此刻見伊稚斜單于相召，二人趕緊商議。

渾邪王對休屠王說道：「單于心狠手辣，只聽趙信之言，說什麼誘漢軍深入，設伏圍殲，卻不增援河西，如今只知降罪你我，咱們若是前去，只怕凶多吉少。」

休屠王點頭說道：「不錯，河西走廊原本是單于心中重中之重，如今我們兵敗，往見單于，真不知會給我們何種罪名。」

二人不知如何是好。單于命不可不遵；可遵命前去，只怕性命難保。

休屠王端起酒一飲而盡，恨恨說道：「我們縱橫半世，沒想到會敗於乳臭未乾的霍去病之手！」

渾邪王來回踱步，突生一計，他對休屠王說道：「再戰是死，見單于也是死，不如乾脆降漢，你看如何？」

休屠王嚇了一跳，過半晌才說：「投降漢朝？」

渾邪王緩緩點頭，說：「我們精銳盡失，剩餘兵力雖有數萬，卻是非殘即弱，不可能指望收復河西。難道真要等單于的刀架上我們脖子後，再去後悔不成？」

休屠王雖知伊稚斜單于不會輕饒自己，卻從未有過投降之念，此刻聽渾邪王說出「降漢」二字，真還接受不了。在他眼裡，漢朝是匈奴不共戴天之敵，如何能棄戈投降？

渾邪王見休屠王拿不定主意，又繼續說：「兩個月前，霍去病擒去我兒，聞得漢朝也沒有為難他，可見劉徹不會對我們趕盡殺絕。如果我們此刻投降，還可保住榮華富貴，若是漢軍再來，我們非死在霍去病手上不可！去見單于，也十有八九保不住腦袋。除了降漢，我們根本沒有其他路可走。」

休屠王垂下頭，想了片刻，終於抬頭看著渾邪王說：「看來只能如此了。」

二

正沿黃河築城的大行李息接到渾邪王派心腹遞上的投降密報後，不敢怠慢，星夜命人將此事報與朝廷。

武帝接報，哈哈大笑。自前朝始皇統一中國以來，幾曾發生過兩位匈奴王聯袂請降之事？武帝將李息奏疏讓群臣遍閱，然後對接任丞相之位僅有數月的李蔡說道：「匈奴渾邪王與休屠王齊降大漢，實乃朝廷大喜！丞相可率百官前往受降。」

李蔡是李廣堂弟，曾在元朔五年（前一二四年）以輕車將軍身份隨衛青擊敗匈奴右賢王。因戰功顯赫，被漢武帝封為樂安侯。當公孫弘於元狩二年（前一二一年）三月卒於任上後，李蔡從御史大夫升為丞相。

李蔡奏道：「陛下，臣與匈奴多次交手，知對方詭計多端。渾邪王與休屠王地位之尊，僅次於匈奴左右賢王，素來心狠手辣，雖有幾敗，但仍有控弦之士數萬，如今投降不知是真是假。我們貿然前去，若匈奴懷有襲邊之策，恐怕眾官難逃，還請陛下明察。」

群臣聽李蔡之言，不由相互交耳，覺得他說得有道理。

武帝也眉頭微皺，點頭道：「那依丞相之見，該當如何？」

李蔡繼續說道：「陛下，如今朝中，唯大將軍與冠軍侯之名令匈奴人聞風喪膽。今大將軍臥病，不宜前往。臣以為，受降之事，不妨命冠軍侯率部相迎。一者，匈奴二王若是真降，冠軍侯可順利接降，再立新功；二者，若匈奴投降是假，襲邊是真，臣料冠軍侯也足以應付。」

武帝緩緩點頭，還未開口，霍去病已跨步出班，拱手道：「陛下，臣請旨前往！」

武帝一拍御案，說道：「好！朕命你率精騎一萬，前往黃河受降！匈奴多詐，冠軍侯可見機行事。」

「臣遵旨！」霍去病抱拳領命。

三

九月的黃河，遠遠望去，無邊無際。到河邊之人，無不心生蒼涼曠遠之感。

李息將霍去病迎進府邸，告訴他渾邪王與休屠王已率軍在黃河對岸五十里外安營紮寨，專候大漢朝廷消息。

和李蔡一樣，李息也擔心匈奴意在襲邊，囑咐霍去病小心行事。

霍去病說：「不管他降漢是真是假，我今日便要渡過黃河，請大行備好船隻。」

李息知霍去病勇武無雙，作戰風格素來一往無前，也不多勸。船隻早已備好，霍去病一聲令下，漢軍渡過黃河。

在背河十里之地，霍去病列開陣勢，命人前往匈奴營寨通報。

渾邪王與休屠王此刻已合兵，尚有五萬之眾。匈奴大營分紮兩座，左營駐休屠王，右營駐渾邪王。聽到霍去病渡河而來，二王都走出營寨，登營前土山遠望。只見霍去病一萬軍騎陣勢齊整，軍旗飛揚。

渾邪王這時長出一口氣，說道：「終於等到漢軍前來，我們不必擔心單于會派兵來攻了。」

休屠王不動聲色，仔細觀察很久，才轉頭對渾邪王說道：「我看得清楚，大漢來受降的只有一萬人馬，我們手下尚有五萬人馬，不如我們將那一萬漢軍擊潰，既可免遭投降之辱，又可在單于前報功。渾邪王以為如何？」

渾邪王嚇了一跳，雙眼圓睜，望著休屠王說道：「我們不是來投降的嗎？怎麼又要去襲擊？」

休屠王冷冷一笑，說道：「我左思右想，我們與漢朝素來為敵。若真降了劉徹，也不會得到什麼好處。再說，我們就是敗在霍去病手下，如今他只帶萬人前來，並無援軍，真是天賜良機。待我們取了霍去病首級，單于定將賞賜，到時再揮師河西，一戰便可把失地奪回。」

渾邪王臉露驚喜，說道：「休屠王說得不錯，我們即刻回營，五萬打一萬，還怕打不過？」

休屠王哈哈大笑，轉身便下土山。

渾邪王在其身後，驀然拔出腰間佩刀。休屠王似有察覺，剛一回頭，渾邪王已橫刀揮過，只聽「咔嚓」一聲，休屠王人頭落地。

休屠王的兩員副將大驚失色。兩人剛剛將手伸到刀柄，渾邪王及其手下已用長刀制住二人。

渾邪王雙眼圓睜說道：「休怪本王！休屠王真是不自量力，如今我們合兵雖有五萬，卻多是病殘之部。你們也看見了，漢軍首領乃霍去病，他與我們交鋒時，哪一次不是以少勝多？現在要聽信休屠王的，個個都得死！」

兩員副將臉色發白，不知如何回答。

渾邪王又說道：「休屠王已死，你們即刻回營，召集軍士，隨我一同出降。」

那兩人互望一眼，點頭應命。

四

霍去病率軍在河邊列陣，就等渾邪王和休屠王率部過來投降。

他遠遠望去，隱見對方左邊營寨漸起騷亂。

霍去病當機立斷，厲聲喝道：「匈奴人可能臨陣變卦，隨我衝過去！」說罷，他手中長劍一舉，提韁縱馬，率先衝出。一萬軍騎搖旗吶喊，直撲匈奴左邊陣營。

原來休屠王那兩員副將回營之後，將情況告知部眾，欲煽動生事。匈奴士兵多剽悍之徒，對投降之舉，多不認可，只是自己首領要降，不得已只能跟隨。此刻聽聞休屠王被渾邪王斬首，不由個個大怒，當下在那兩員副將指揮之下，提刀取弓，上馬欲戰。

殺氣在休屠王營中瀰漫。

渾邪王如何不知左營中的亂象？他雖殺了休屠王，但並不想攻擊他的部下。正慌亂間，聽得四十里外，馬蹄如雷，殺聲一片，扭頭看去，只見霍去病一馬當先衝來，其身後漢騎個個驍勇，令人望之膽寒，忙不迭命右營豎起降旗。

霍去病橫刀躍馬，直撲休屠王左營，那兩員起事副將哪裡有招架之力？剛一交鋒，便被霍去病斬於馬下。休屠王部下頓時大亂，四散而逃。漢軍所向披靡，半個時辰不到，休屠王部下大半被漢軍陣斬。

渾邪王在旁，眼見霍去病縱馬如飛，威風凜凜，往來殺人，直如獵兔，心想便是這五萬人同時造反，又豈是霍去病之敵？其部下也有一些勇士騎馬衝出，都轉眼間被斬落馬下。

又是八千顆匈奴頭顱在沙場上堆積。

霍去病披風飛揚，勒馬喝道：「還有哪個不服？可出來試我大漢刀鋒！」

休屠王部下的殘餘老弱哪裡還敢反叛？盡皆卸甲投降。

見降者盡伏，霍去病策馬走到渾邪王面前，大聲說道：「你今日來降，乃識時務之舉。我奉大漢天子之命，前來受降，你的剩餘之眾，都隨我渡河。你乃王爺，我會單獨遣你去見天子！」

渾邪王彎腰獻上腰刀，說道：「今日親見將軍威儀，小王心折。」心中想，如果聽信休屠王之言，別說自己會命喪當場，在漢朝當俘虜的兒子也免不了引頸之災，幸好殺了休屠王，自己和兒子的命，算是保住了。

抬頭再看橫刀立馬的霍去病，披風飛揚，氣概非常，如天人一般。渾邪王不覺長歎一聲，心中明白，伊稚斜單于等人再驍勇，也絕非霍去病對手。匈奴人想染指中原的夢，怕是做到頭了。

封狼居胥

一

伊稚斜單于雖吃了幾場敗仗，卻自恃現有趙信出謀劃策，不難恢復祖上的威風。而如今大漢已盡得渾邪王之地，隴西、北地、上郡三地都不再有匈奴騷擾。

武帝頒下聖旨，將降漢的渾邪王封為漯陰侯，並將其隨屬部眾徙往邊境故塞，列為帝國的五個屬國，又將三郡戍卒減少一半，以寬天下之徭。徭多則民苦，孟子的「民為貴，社稷次之，君為輕」主張，未必是武帝心中所想，但減輕徭役，終究是得民心之事。

國家版圖現已擴張到祁連山下，西域之途已被徹底打通。

如今伊稚斜單于無力南征，武帝便有時間休養士卒，增強國力。匈奴人雖連遭敗績，然其騎兵還是不可小視。只有取得騎兵優勢，才能保證萬無一失。

從破襲龍城至今，經過衛青、霍去病八年間的連番出擊，戰略主動權已牢牢掌控在武帝手中。漢軍威名達到頂點，尤其渾邪王降漢之後，匈奴上下震動，先後竟有三十二王降漢。

武帝知道，漢匈之間，如今只剩一場決戰，但要等大將軍衛青病體痊癒。時間選定了，在兩年後的春夏之際。

兩年間，大漢完成了戰前的準備工作。

武帝一朝，終於迎來了兵勢最為強盛的一刻。

二

元狩四年（前一一九年）春天，衛青與霍去病於朝中受命，各率五萬騎兵同時北征。作為後應的步兵也達數十萬之多。

志在平虜的武帝知道，與匈奴之戰，是到放手一搏的時候了。方向選定，衛青出定襄，霍去病出代郡。

三朝老將李廣豪情不滅，主動請纓，要求隨軍出戰。李廣在文帝時便披甲抗匈，至今未得封侯。年過六旬，大概也是他最後一次率部出征了。武帝沉思良久，終於點頭答應，封李廣為前將軍，同時命太僕公孫賀為左將軍，主爵都尉趙食其為右將軍，平陽侯曹襄為後將軍。四位將軍均屬衛青調度。他們從定襄出兵，有可能遭遇伊稚斜單于親率的大軍，這將是一場難以想像的惡戰。

出代郡的霍去病只要李廣之子李敢為自己的副將。

武帝終究不放心，問：「冠軍侯還需何人為輔？朕允你親點。」

霍去病雙手抱拳，昂聲說道：「臣只需李敢為副，其他人等，可至右北平時讓太守路博德率部跟隨。」

武帝還是覺得甚少，他望向自己的武將們，問道：「還有何人願隨冠軍侯出征？」

從票侯趙破奴朗聲回答：「臣願隨冠軍侯北征！」

霍去病見趙破奴請奏，極為高興。兩年前的祁連山一戰，趙破奴便是自己麾下，他斬匈奴遫濮王，擒稽且王，勇武非常，如今再一起出征，自能得心應手。

三

在高高的檢閱台上，衛青和霍去病並肩站立，望著台下十萬軍騎擎旗揚戈，鐵甲耀眼，陣容如巨大的洪流緩緩流過。二人不禁對望一眼。

「冠軍侯此去，必能凱旋！」

「大將軍也必凱旋！」

他們之間，無須多言，一個眼神、一個手勢，都能讀懂彼此的心意。

「凱旋之後，痛飲長安！」

「凱旋之後，大漢無患！」

一軍士走上高台，在衛青和霍去病身前單膝跪下。

他舉起一個托盤，上面是武帝親賜的兩杯出征御酒。

衛青、霍去病二人同時端起：

「請！」

「請！」

四

大漢軍馬一動，伊稚斜單于已得密探告知。他立即召集文武，商議對策。

趙信說：「劉徹兩路大軍齊發，我們收拾他的時候到了。不妨按原計畫行事，引漢軍深入，一鼓而下！」

伊稚斜單于緩緩點頭，說道：「衛青與霍去病都來了，我要他們今日有來無回！傳我命令，大軍於漠北設伏佈陣，一定要讓他們命喪於此！」說罷，伊稚斜單于說：「霍去病奪我祁連，實在可恨！我親自迎戰霍去病！」

趙信搖頭說道：「霍去病一勇之夫，殊不足慮，衛青才是我們真正的心腹勁敵。依臣之見，還是單于在漠北親迎衛青，至於霍去病，讓左賢王九萬鐵騎應付足矣。」

伊稚斜單于同意了。

趙信又道：「這一戰我們若得勝，漢朝的十萬軍士將全部覆沒，漢朝江山將唾手可得啊！」

伊稚斜單于禁不住仰頭大笑，隨即，他望著帳前十餘名驍將，突然喝道：「章渠，你過來！」

虎背熊腰的章渠道：「在！」

伊稚斜單于下令：「我命你速帶本部人馬，傳令左賢王，迎擊霍去病，提頭報功！」

章渠傲然說道：「我做左賢王前部先鋒，當生擒霍去病！」

伊稚斜單于手一揮：「快去！」

隨後，伊稚斜單于將其餘將領各自派遣，盡起精銳，往漠北埋伏。

五

霍去病出代郡之後，一聲令下，大軍果如狂風，一路撲向北方。右北平太守路博德早在城內待軍。他素聞霍去病軍騎如風，還是沒料到五萬人馬會以如此快的速度抵達。霍去病並不歇息，軍令閃電般傳下，路博德率部隨軍，即刻北上。茫茫沙漠，一望無垠。五萬軍騎萬眾一心，在沙漠上激起漫天風沙。大漠顫抖，如迎來黑色颶風。這股颶風一刻不停，向西北方向呼嘯而過。

在伊稚斜單于帳前請命為左賢王先鋒的章渠，連陣勢還來不及佈下，就被霍去病風馳電掣般的行軍速度震驚得手足失措，哪裡還記得自己在伊稚斜單于面前誇下的海口？硬著頭皮剛一出戰，陣營便被霍去病摧枯拉朽般擊破，自己也一戰被擒。從戰場上死裡逃生的士兵們瘋狂策馬，將軍情告知左賢王。

左賢王聞訊大驚，倉促間召集兵力。他認為自己所轄地域在沙漠之後，漢軍無論如何無法越過。

關於霍去病的行軍速度，左賢王總以為是一個被誇大的神話，如今閃電破襲，左賢王才知百聞不如一見。所有匈奴將士都只覺撲來的漢軍如離弦之箭，個個驚得面如土色。

左賢王命手下的屯頭王和韓王出戰，霍去病麾下的李敢、趙破奴、路博德等人也在霍去病的氣概鼓舞之下，齊聲吶喊，躍馬衝陣。漢軍勢若蛟龍，氣如長虹，轉眼之間，屯頭王和韓王都被生擒於馬下。

左賢王見勢不好，撥轉馬頭，往後便逃。

大漢將士吶喊如雷，縱橫馳騁，過不多時，匈奴屍首已是堆積如山。

霍去病遠望左賢王奔逃方向，厲聲喝道：「擊潰匈奴，在此一役！」

數萬鐵騎殺聲震天，只見軍旗前傾，馬蹄狂亂，大漢騎兵朝左賢王奔逃的方向緊緊追去。

左賢王奔至離侯山，不敢停留，霍去病大軍翻山，再次斬將。

左賢王奔至弓閭河，無從閃躲，霍去病大軍渡河，連續奪旗。

終於，霍去病因挺進太快，馬匹漸乏，最終未能追上落荒而逃的左賢王。

霍去病安營歇馬，眾將報上戰果。此次出征至此，已有匈奴王、將軍、相國、當戶、都尉等八十三人被生擒，被斬殺的匈奴精銳達到前所未有的七萬零四百四十三級！

六

夜幕來臨了。以往只有風鳴的大漠，響起了大漢軍旗的獵獵聲，刀甲碰撞的鏗鏘聲。漢軍篝火連營，萬馬長嘶。霍去病手指遠處一座高山問道：「那是何山？」身為俘虜的匈奴屯頭王膽戰心驚地回答：「那是狼居胥山。」

霍去病傲然抬頭，說道：「我大漢天威到此，霍去病今日要在狼居胥山上舉行祭天封禮！」

霍去病喝道：「眾將隨我前往！」隨即鞭馬朝狼居胥山奔去。李敢、趙破奴、路博德等人緊隨其後。

霍去病縱馬來到山下，眾將隨霍去病齊齊下馬。

狂風已過，風沙漸息，霍去病命人在山上搭建祭壇，而後登壇祭天。

霍去病將披風朝後一擺，彎腰從地上抓起一把沙子，雙足立定，揚聲說道：「今大漢霍去病在此增土封山，記功績於此！」

身後眾將齊聲高呼：「冠軍侯封狼居胥，彪炳千秋！」

霍去病抬頭說道：「封山已畢，待我山頭祭天！」

只見他奮身上馬，提韁一催，青驄馬邁開四蹄，直往山頭奔去。

夜色更濃，寒風更凜，霍去病在山頭遠望大漠長空。人在山巔，似乎山在拜服。

此時此刻，是霍去病的人生巔峰。他驀然勒緊韁繩，青驄馬前蹄高高抬起，一陣天地間的馬嘶人嘯，穿雲入霄！

李敢之死

一

封山祭天之後，霍去病再往西邊的姑衍山祭地。而後大軍拔營起寨，奏凱回軍。這場奔襲數千里的勝利，激勵著大漢每一位將士。

大軍緩緩班師，一路不斷接到衛青的勝利消息。

衛青果然是與伊稚斜單于正面交鋒，一戰擊潰對方後，大漢軍騎也追擊殘兵到了距長安數千里外的窴顏山下。

霍去病聞報，極為振奮，回望大軍，高聲說道：「今日之後，我大漢之北，再無匈奴侵擾！」

大軍聞得喜訊，盡皆狂呼。

再過幾日，右北平已經在望。路博德早命人先行開城迎候，大軍終於一洗征塵。

當日路博德大開筵席，為漢軍慶功。

眾將心中，俱被興奮豪情充滿，時而有人慷慨高歌，時而有人舞劍助興，正酒酣耳熱之際，門外忽然跑進一軍士，眼中盈淚，哀傷不已。他一進來就單膝跪地，望著端坐首席的霍去病拱手說道：「報將軍……」一語未畢，淚水再也忍不住，撲簌簌滾下。

霍去病放下酒杯，眉頭微皺，問道：「何事驚慌？」

那軍士抬頭擦淚，啞聲說道：「李廣將軍……自刭而亡了！」

霍去病猛然起身，厲聲喝道：「此事當真？」

旁邊的李廣幼子李敢，陡聞父親自刭，手中酒杯「哐啷」一聲掉在地上，他躍身而出，走到那軍士面前，雙眼瞪圓，抓住對方衣襟，說道：「你……你說什麼？」

所有將領都被震驚了。

在衛青、霍去病崛起之前，李廣實為漢軍靈魂人物，在文帝時便披甲抗匈，景帝時揚威於「七國之亂」的疆場，與匈奴前後交鋒七十餘次。他愛兵如子，深孚眾望，匈奴人懼其勇猛，稱其為「飛將軍」。只是他時乖命蹇，始終未取得一場大捷，以至於六十歲仍未封侯。

只聽那軍士說道：「大將軍命前將軍與右將軍東往，包抄匈奴殘部，不料兩位將軍迷失道路，未能越過沙漠，大將軍回師之後，命前將軍幕府對簿，沒想到他竟然……」此時，那軍士已泣不成聲。

李敢聞言，忍不住放聲大哭。一眾將領，都是縱橫疆場、臨危不懼之人，此刻聞得李廣噩耗，竟是人人落淚。

二

漠北一戰之後，匈奴遠遁，漠南無王庭。霍去病增封五千八百戶，其餘將士均論功行賞。

儘管勝利果實是霍去病與衛青聯手摘取，然而，霍去病封狼居胥，威風無二，衛青親戰伊稚斜單于，卻讓伊稚斜單于在眼皮底下溜走，再加上李廣自刎等事，使得衛青的勝利大為減色。此後衛青的權勢日益減退。

群臣看得清清楚楚，武帝對霍去病寵遇日隆，大家不由紛紛前往霍去病處奉承，大頌讚歌，就連衛青的不少故人和門下也紛紛轉事霍去病。

衛青素來對朝廷爭鬥頗為厭倦，此時索性居府養病，不問朝政。除任安及公孫敖等舊人之外，罕有人登門。昔日車水馬龍的大將軍府外，竟冷清得門可羅雀。

不過，霍去病卻始終惦記著舅舅。

霍去病雖被群臣圍繞，他卻始終牢記，自己是舅舅一手栽培。更何況，在他心裡，舅舅乃當世無二的軍事家，自己雖立下顯赫軍功，然而對舅舅的崇敬之心卻從未減少。他還是經常前往大將軍府，與衛青談兵論道。

三

元狩五年（前一一八年）某日，霍去病登門去看望衛青。

剛到門前，就察覺大將軍府的門人面有不忿之色，一見霍去病來，趕緊彎腰，說：「將軍請進。」

過了半晌，衛青才出來。

霍去病一見舅舅，頓覺驚訝，原來他的額頂頭髮垂下。他從未見過舅舅這個樣子。

「舅舅尚在休歇？」霍去病問道。

衛青微笑道：「正在房內讀書。」

霍去病見舅舅神色明顯有所迴避，尤其那束垂到額前的頭髮古怪。他忽然起身，一步走過去，將舅舅頭髮一撥。

衛青沒料到霍去病會來此一手，閃避不及。

霍去病看得清楚，衛青額頭橫過一條傷口，血跡殷然，顯是新痕。

霍去病頓時大怒，說道：「舅舅，您額上之傷，是何人所為？這不像是您自己不慎導致的，一定是有人擊傷。舅舅告訴我，何人如此大膽？」

衛青微一擺手，說：「算了，不要問了。」

霍去病更是惱怒，說道：「舅舅，您是當朝大將軍，竟然有人膽敢對你動手？怎麼可以算了！您告訴我，到底是何人所為？」

衛青見霍去病情緒激動，輕聲歎口氣，說道：「我不會說的，今日我甚是疲倦，先去休息了。」

霍去病怒氣沖沖出來，轉念一想，又返回將衛青門前的軍士叫來。

那軍士見霍去病滿面怒容，不由惶恐。霍去病目如寒冰，冷冷說道：「大將軍額前之傷，是如何來的？」

那軍士臉色發白，訥訥道：「大將軍不許……」

霍去病已冷冷打斷：「要我再問一次嗎？」

那軍士嘴唇嚅動，終於說道：「昨日，關內侯來府……」說完這幾個字，那軍士嘴唇哆嗦，不敢說下去。

霍去病勃然大怒：「李敢？」他牙關一咬，轉身離開。

四

甘泉宮內，武帝對霍去病哈哈大笑：「大司馬，朕命你過來行獵，你怎麼把關內侯也叫上了？如此也好，你們隨朕一起獵鹿！」說罷，武帝將韁繩一提，策馬前奔。

武帝侍從紛紛鞭馬跟上。

霍去病沒有策馬，只轉過臉來，冷冷打量李敢。

李敢見霍去病臉色不善，拱手說道：「大司馬喚末將過來……」

霍去病左右一看，周圍已無他人，當下冷冷說道：「你好大的膽子！竟敢打傷大將軍！為什麼？」

李敢知道事情已無法隱瞞，眼望前方，臉上肌肉抖動，片刻後才慢慢說道：「漠北一戰，我父親自刎，大司馬是知道的。」

霍去病厲聲喝道：「你父親自刎，是他犯下軍規！身為軍人，你不知軍法嗎？」

李敢雙眼血紅，轉頭看向霍去病，說道：「我父親是被大將軍逼死的！我打聽得清清楚楚，我父親請命為先鋒，大將軍不允，才有他後來的迷路，未能如期到達戰場。」

霍去病聞言更怒，喝道：「打仗難道是兒戲？若非大將軍運籌帷幄，大漢豈有取勝之途？你父親想做先鋒，大將軍就得答應？若你父親想做全軍指揮，大將軍是不是要交出軍權？」

李敢臉色蒼白。

霍去病冷冷道：「你去追上陛下！」

李敢側頭看看霍去病，見後者臉上殺氣瀰漫。作為麾下，他太熟悉霍去病臉色的含義，頭皮一陣發涼。此刻聽他說要自己追上陛下，心想也只有陛下才能保住自己性命了。

當下撒馬狂奔。

跑得百步，李敢只覺身後殺機翻滾。他心驚膽戰地回頭一看，只見霍去病正彎弓搭箭，瞄準自己。

「將軍！」李敢才叫得一聲，霍去病已手指鬆開，那枝離弦之箭如閃電般射中李敢咽喉。李敢一頭栽到馬下。

五

武帝見霍去病和李敢沒有跟上，命一侍從回馬去召。

一會兒，那侍從驚慌失措地奔回來，跪在地上，臉色發白地說道：「陛下，陛下……」

武帝眉頭一皺，說道：「何事如此驚慌？」

那侍從說不出話來，只抬手指指後面。

武帝回身看去，只見霍去病拍馬過來。

馬背上橫臥著李敢，鮮血從喉部湧出。

武帝瞬間一驚。霍去病翻身下馬，單膝跪在武帝馬前，拱手說道：「臣射殺了關內侯，請陛下降罪！」

武帝驚訝問道：「何故殺人？」

霍去病抱拳說：「數日之前，關內侯至大將軍府，竟以下犯上，動手打傷大將軍，臣一時不忿，射殺關內侯。請陛下降罪！」

武帝更驚訝了，問：「關內侯何故打傷大將軍？」

霍去病說道：「關內侯以為他父親自刎，是大將軍所逼。」

武帝眉頭皺起，抬頭看看天空，又左右看看，說道：「大將軍出征之日，朕有手諭，不可讓李廣獨戰單于。大將軍是奉旨行事，關內侯竟如此大膽？」

霍去病說：「臣請陛下降罪！」

旁邊侍從已驚嚇得連大氣也不敢出。

武帝面無表情，沉默片刻，雙眼緊緊盯住霍去病，緩聲說道：「朕的天下，何事朕會不知？大將軍如今府上冷清，難得你不忘舅甥之情，多去看望，如今關內侯打傷大將軍，你便正好借關內侯性命告知他人，不可慢待大將軍吧。」

霍去病聞言，心內暗驚，他雖生氣李敢打傷舅舅，私下也著實有警示群僚之意。

武帝將身邊侍從掃視一眼，聲音仍是不緊不慢：「今日關內侯隨朕與大司馬狩獵，觸鹿角而亡。你們將關內侯送回侯府，安葬之費，由朝廷撥付。傳朕旨！」

霍去病見武帝如此袒護自己，心中驚訝，更有感激，叩頭謝恩。

天妒英才

一

在千軍萬馬中尚安然無恙的關內侯李敢，竟然會觸鹿角而亡，任誰也不會相信。但其死因出自皇帝之口，誰又敢去反駁？朝中自有熱中探尋真相之人，於是少不了一些李敢實死於大司馬箭下的竊竊私語。

武帝像什麼都沒發生過，群臣自然得出結論，如今的大司馬權力之盛，竟連殺朝廷命官也能得到包庇，可見武帝心中霍去病的位置之高。

霍去病位高權重，最欣喜的自然是陳掌和衛少兒了。

家中日日賓客盈門，丞相剛走，御史大夫又來，九卿大臣更是絡繹不絕。

如今匈奴遠遁，武帝的目光轉向周邊小國，伐朝鮮，討羌夷，那些揮揮手便可橫掃三軍的戰事，根本用不著霍去病與衛青出馬。衛青畢竟年長，在朝廷日久，深知伴君如伴虎的道理，索性府中深養，霍去病得武帝寵愛，兼之年輕氣盛，傲視群臣，平時多陪武帝射獵。

如今，終於四海清平。

二

元狩六年（前一一七年）九月，秋風一起，落葉紛紛，長安一夜轉寒。

武帝獵興頗濃，一日剛剛準備好打獵裝束，在宮前待發。只見常侍宦官滿頭大汗地跑來，跪下說道：「陛下，大司馬今日病重，不能應詔而來。」

武帝說：「傳朕旨意，著太醫前往診斷。」宦官起身便去少府傳喚太醫。

武帝頗為掃興，今日本想與霍去病同去獵鹿，不意霍去病染疾不能隨行。

又過一日，武帝想起霍去病，傳太醫覲見。

武帝問道：「大司馬病情如何？」

太醫回道：「陛下，臣甚感棘手。大司馬之病，頗為古怪，渾身發赤，鬚髮脫落，現臥床不起，臣已先開出藥方，但……無甚把握。」

武帝聞言一愣，說：「無甚把握？大司馬究竟是何病？」

太醫見武帝面有怒色，趕緊說：「微臣行醫以來，從未見過如此之病，現正想再去探望。」

「快去！」武帝喝道，「大司馬之病，非治好不可！」

太醫趕緊躬身退出，再往陳掌府邸。武帝眉頭皺起，終不知究竟是何狀況。

三

霍去病病情日益嚴重。太醫所開藥方，沒起任何作用。

朝臣開始議論，說大司馬霍去病病情到了誰也無法控制的地步，有人甚至提起元光五年（前一三〇年）春天，丞相田蚡離奇死亡之事。田蚡死前數日譫語連篇，只是請罪。

請來的巫師言之鑿鑿，說是看見被田蚡逼迫冤死的竇嬰和灌夫二人變鬼前來索命。難不成大司馬也是因李敢變成鬼索命？

武帝親自探望霍去病後明白，自己寵愛的霍去病已到病情危及生命的地步，於是立刻下詔，遍尋海內名醫，若治好大司馬，萬金為賞。

時間一天天過去，卻始終沒有哪位名醫前來一試身手。

宮中太醫盡出，一個個得出的結論都不相同。誰都知道，所謂治痾療疾，無非對症下藥。如今症狀駭人，症因又不明所以，辦法試盡，始終不見效果。

霍去病性情素來急躁，臥床喝了幾碗藥後，命人不許再拿藥碗進來。

衛少兒心亂如麻，親自端藥過來。霍去病此刻誰也不認，雖周身無力，卻還是抬手將衛少兒手中藥碗推到地上，眼光凌厲。

衛少兒被兒子嚇得渾身發抖，整夜難眠。

四

霍去病患病半月後，半夜房間裡突然傳出離奇恐怖之聲。

陳掌與衛少兒被驚醒。

聲音慢慢平息了，突然，又傳出霍去病一聲狂吼，緊接著便再無聲息了。

陳掌和衛少兒趕緊走出臥房。

外面，府中下人也出來不少。每個人都十分驚慌，卻無人敢去霍去病房間。

衛少兒咬咬牙，舉手推門，竟無法推開。

她感到奇怪，霍去病臥床之後，房間不可能在內門上，現在居然推不開，不由又驚又急，用力拍門，拚命喊道：「去病！去病！你開門啊！」

房內聲息全無。

陳掌靈機一動，走到窗前。窗戶倒是一推便開。往裡瞧去，陳掌嚇一大跳，只見桌椅擺設全被砸爛，門被桌子頂住。霍去病仰天倒在地上，已經沒有了呼吸。

大家這才明白，剛才那陣響聲，是霍去病臨終前與死神搏鬥時奮力砸爛房間家什所致。

五

看著跪在面前痛哭的陳掌和衛少兒，武帝震驚得說不出話來。他呆坐良久，才緩緩起身，口中喃喃說道：「朕要使冠軍侯馬踏祁連之功，永留青史！」

武帝當即傳旨，將霍去病墓址選在茂陵，徵石匠千人，以最快的速度修建大司馬的陵墓。

第二道聖旨是，令邊境五郡鐵騎，從長安列隊至茂陵墓地，全部黑衣鐵甲，白綾裹矛，齊往祭奠。

衛青率百官到得陵前，只見陵墓起伏如山——那是祁連山的模樣。

沒有什麼比祁連山更能彰顯霍去病的不朽功勳了。祁連山之戰是霍去病名垂青史的驚天之戰，正是因為此役，大漢徹底擊敗西部匈奴，打通西域。這是睥睨八方的功績，也是彪炳千秋的功績。

看到這座祁連山之狀的陵墓，眾人眼前都不禁浮現出霍去病生前橫戈躍馬的絕世英姿。

如此短暫，又如此燦爛。

武帝連頒聖旨，追封霍去病為「景桓侯」，其五歲幼兒霍嬗承接冠軍侯爵位。

霍去病的辭世，不僅令武帝痛惜，令滿朝文武痛惜，更令大漢的千萬民眾痛惜。只從年齡來看，霍去病的一生還遠遠沒有展開，根本談不上走過一生。但從他取得的蓋世之功來看，又是令人歎為觀止的一生。

—霍去病生平簡表—

前一四六年（漢景帝中四年）

羅馬帝國滅迦太基。

前一四一年（漢景帝後三年）

景帝卒，太子劉徹繼位，是為漢武帝。西漢王朝進入鼎盛時期。

前一四〇年（漢武帝建元元年）

武帝用建元為年號，歷史上用年號紀年始於此。

前一三九年（建元二年）

張騫第一次出使西域，至元朔三年（前一二六年）歸。

前一三三年（元光二年）

漢誘匈奴入馬邑，未果。漢絕和親，漢、匈戰事再啟。

前一四〇年（漢武帝建元元年）

霍去病出生。父，霍仲孺，母，衛少兒。

前一二九年（元光六年）

匈奴入上谷，武帝遣衛青、公孫敖、公孫賀、李廣等四將軍各將萬騎分道出擊。衛青率軍直搗匈奴龍城，取得漢朝對匈奴主動進攻的首次勝利，賜爵關內侯。餘皆失利。

前一二八年（元朔元年）

衛青出雁門戰匈奴，大勝。衛子夫生長子劉據，被封為皇后。

前一二七年（元朔二年）

匈奴入上谷、漁陽，武帝遣衛青、李息等擊之。俘獲敵人幾千名，牛羊竟達數十萬頭，驅走匈奴白羊王、樓煩王。衛青收復河南地，受封長平侯。漢設置朔方郡。

前一二四年（元朔五年）

匈奴右賢王騷擾朔方，武帝遣衛青率六將軍凡十餘萬人出擊。俘匈奴小王十餘人，俘虜男女一萬五千人，俘獲牲畜達上百萬。武帝遣使於軍中拜衛青為大將軍。

前一二三年（元朔六年）

大司農經費用竭，詔民得買爵贖罪。

前一一九年（元狩四年）

張騫再次出使西域（烏孫），至元鼎二年（前一一五）年歸，絲綢之路暢通。

前一二三年（元朔六年）

霍去病隨衛青征伐匈奴。首戰告捷，霍去病率八百騎，俘斬匈奴相國和當戶，兩千餘人，斬單于大父行籍若侯產，擒單于叔父羅姑比。受封冠軍侯。

前一二一年（元狩二年）

春，武帝命霍去病為全軍主帥，北擊匈奴。霍去病出隴西，歷匈奴五王國，轉戰六日，過焉支山，戰皋蘭山；夏，戰祁連山，收復河西走廊；秋，匈奴渾邪王投降，霍去病黃河受降。休屠王太子金日磾沒入官，輸黃門養馬。

前一一九年（元狩四年）

武帝遣衛青、霍去病各將五萬騎，分從定襄，代郡出。向漠北追擊匈奴。霍去病出塞兩千餘里，接戰匈奴左賢王，俘小王三人，將軍、相國、當戶、都尉八十三人，獲七萬四百四十三首級。封狼居胥山而還。

前一一八年（元狩五年）

霍去病於甘泉宮射殺李敢。

前一一七年（元狩六年）

霍去病病逝，葬於茂陵。武帝追賜「景桓侯」謚號。年二十三歲。

前一一一年（元鼎六年）

漢平南越，俘呂嘉等。置南海、蒼梧、鬱林、合浦、交趾、九真、日南、珠崖、儋耳等九郡。

由酒泉郡分置張掖、敦煌二郡。

前一〇九年（元封二年）

滇王降漢，賜其王印，置益州郡（治所在今雲南晉寧東）。

前一〇八年（元封三年）

將軍趙破奴率輕騎俘樓蘭王，破車師。

置樂浪、臨屯、玄菟、真番四郡。

前一〇六年（元封五年）

衛青病逝，葬於茂陵，謚曰「烈侯」。

國家圖書館出版品預行編目 (CIP) 資料

霍去病 / 胡輝著 . -- 第一版 . -- 新北市 : 風格司
藝術創作坊 , 2020.01
面； 公分 . -- (嗨 ! 有趣的故事)
ISBN 978-957-8697-66-9(平裝)

1.(漢) 霍去病 2. 傳記

782.821　　108021459

嗨！有趣的故事

霍去病

作　　者：胡　輝
責任編輯：苗　龍

發　　行：知書房出版
出　　版：風格司藝術創作坊
235 新北市中和區連勝街 28 號 1 樓
電　　話：(02) 8245-8890

總 經 銷：紅螞蟻圖書有限公司
台北市內湖區舊宗路二段 121 巷 19 號
電　　話：(02) 2795-3656
傳　　真：(02) 2795-4100
http://www.e-redant.com

版　　次：2020 年 3 月初版　第一版第一刷
訂　　價：180 元

ISBN 978-957-8697-66-9　　Printed inTaiwan